RUSSIAN LANGUAGE

IN 25 LESSONS

Artemiy Belyaev

Copyright © 2016 by Artemiy Belyaev

All rights reserved. This book or any portion thereof may not be reproduced or used in any manner whatsoever without the express written permission of the publisher except for the use of brief quotations in a book review or scholarly journal.

Cover image credit: Author's image

ISBN: 1523280948

ISBN-13: 978-1523280940

Edition 5 – January 2018

TABLE OF CONTENTS

INTRODUCTION

Dear Reader, language Learner, Polyglot or a person who is interested in the Russian language and the culture. The Russian language is known as not an easy language to learn. However, the learning process can be not as hard and boring as you might think. The 25 lessons in this book will walk you through the process of understanding the essential grammar and conversational language. What's more, the multiple examples presented in the book will help you further elevate your Russian speaking and comprehension skills. You can finally learn to speak the Russian language decently and not ridiculing yourself by knowing a couple of phrases that you cannot make any practical use of. I tried to explain Russian language as short as possible and cover all the basic things and even more. Good luck and I wish you to succeed!

ALPHABET

Transliteration and pronunciation

Аа – A [c**a**r]	Бб – B [**b**ook]	Вв – V [**v**oice]	Гг – G [**g**reat]	Дд – D [**d**og]
Ее – Ye [**ye**s]	Ёё – Yo [**yo**ur]	Жж – Zh [plea**s**ure]	Зз – Z [**z**ero]	Ии – I [m**ee**t]
Йй – Y [ma**y**]	Кк – K [**c**oo**k**]	Лл – L [**l**ove]	Мм – M [**m**oon]	Нн – N [**n**umber]
Оо – O [m**o**re]	Пп – P [**p**ark]	Рр – R [**r**oad]*	Сс – S [**s**alt]	Тт – T [**t**ool]
Уу – Oo [z**oo**m]	Фф – F [**f**oot]	Хх – H [**h**at]	Цц – Ts [**ts**ar]	Чч – Ch [**ch**ange]
Шш – Sh [**sh**ort]	Щщ – Shch [**sh**eep]**	Ьь – Soft sign	Ыы – Y [g**y**m]	Ъъ – Hard sign
Ээ – E/A [**a**pple]	Юю – Yu [**you**]	Яя – Ya [**ya**cht]		

*-Рр is pronounced as rolled R.

**-Щщ is combination of Ш and Ч. In order to pronounce it, set your tongue between positions of the letters Ч(ch) and Ш(sh).

SIMPLE RULES OF READING

Pronounce endings [-..го] like [-vo]. For example, the words КРАСИВОГО is pronounced like [krasivovo].

Pronounce stressed O as it is, and pronounce not stressed O like A. For example, the word МОЛОКО is pronounced like [malako] because the stressed syllable is [ко].

Pronounce endings [-..шь], [-..шься], [-чь] like there is not Ь there, for example ДЕЛАЕШЬ — [delaesh]

The word Ч (ch) in the word ЧТО is pronounced as Ш (sh). ЧТО - [shto].

There are not exact rules of stressed syllables. But usually (not always!) stressed syllable is in the middle of a word. So it is better to listen to radio or live speech in order to hear correct pronunciation. Also, there are many words that can be pronounced in both two or more ways. In this book stress letters are highlighted by bold font weight.

The letter Е, Ё, И, Ю, Я soften consonants before them. For example, the word УНИВЕРСИТЕТ one pronounces as [UNIV'ERS'IT'ET].

Soft sign Ь just soften a consonant and makes a diphthong. For example КОМПЬЮТЕР — [KOMP'YUT'ER]. The difference between the syllables ПЬЮ and ПЮ is that the first is with diphthong [P'YU] and the second is without — [P'U].

The hard sign Ъ leaves a previous consonant hard (doesn't let to make it soft). For example, ПОДЪЕЗД — [POD-YEZD].

LEVEL 1

LESSON 1: VERBS IN PRESENT TENSE

There are two conjugations of verbs in the Russian language. Verbs from the 1st conjugation have endings: -ЕТЬ -АТЬ -УТЬ -ЮТЬ -ЫТЬ -ЯТЬ -ЧЬ in infinitive. Verbs of the 2nd conjugation have infinitive endings: -ИТЬ and there are exceptions that are mentioned in the end of this lesson. Now you know how to distinguish a verb from other parts of speech. Let's start to speak!

Regular verbs of the 2nd conjugation form their present tense by dropping last three letters –ИТЬ of the infinitive, and adding an appropriate ending regarding to a pronoun:

ГОВОР_ИТЬ_ — to speak, to talk, to say

Я ГОВОРЮ	I speak
ТЫ ГОВОРИШЬ	You speak(singular)
ОН ГОВОРИТ	He speaks
ОНА ГОВОРИТ	She speaks
МЫ ГОВОРИМ	We speak
ВЫ ГОВОРИТЕ	You speak(plural)
ОНИ ГОВОРЯТ	They speak

As you can see, endings in the 2nd conjugation can be -Ю/У, -ИШЬ, -ИТ,- ИМ, -ИТЕ, -АТ/ЯТ.

Can you understand the logic of conjugation already? Let's try to conjugate one more verb!

УЧ<u>И</u>ТЬ — to learn

Я УЧУ	I learn
ТЫ УЧИШЬ	You learn(singular)
ОН УЧИТ	He learns
ОНА УЧИТ	She learns
МЫ УЧИМ	We learn
ВЫ УЧИТЕ	You learn(plural)
ОНИ УЧАТ	They learn

Now let's try to conjugate a verb of the 1ˢᵗ conjugation. Regular verbs of the 1ˢᵗ conjugation form their present tense by dropping last two letters from the infinitive form (-ТЬ) and adding an appropriate ending. Let's consider this example with the negation:

ЗН<u>А</u>ТЬ — to know

Я НЕ ЗНАЮ	I don't know
ТЫ НЕ ЗНАЕШЬ	You don't know(singular)
ОН НЕ ЗНАЕТ	He doesn't know
ОНА НЕ ЗНАЕТ	She doesn't know
МЫ НЕ ЗНАЕМ	We don't know
ВЫ НЕ ЗНАЕТЕ	You don't know(plural)
ОНИ НЕ ЗНАЮТ	They don't know

As you can see, endings of the 1ˢᵗ conjugation can be

In interrogative form:

ЧИТАТЬ — to read

Я ЧИТАЮ?	do I read?
ТЫ ЧИТАЕШЬ?	do you read?(singular)
ОН ЧИТАЕТ?	does he read?
ОНА ЧИТАЕТ?	does she read?
МЫ ЧИТАЕМ?	do we read?
ВЫ ЧИТАЕТЕ?	do you read?(plural)
ОНИ ЧИТАЮТ?	do they read?

And there is one special conjugation group of verbs with the endings -ОВАТЬ and -АВАТЬ. You just have to delete the suffix ОВ and conjugate it like it has the ending -УТЬ.

ПУТЕШЕСТВОВАТЬ — to travel

Я ПУТЕШЕСТВУЮ	I travel
ТЫ ПУТЕШЕСТВУЕШЬ	You travel(singular)
ОН ПУТЕШЕСТВУЕТ	He travels
ОНА ПУТЕШЕСТВУЕТ	She travels
МЫ ПУТЕШЕСТВУЕМ	We travel
ВЫ ПУТЕШЕСТВУЕТЕ	You travel(plural)
ОНИ ПУТЕШЕСТВУЮТ	They travel

It is the same for all verbs with the ending -ОВАТЬ, but notice that this rule is only for -ОВАТЬ! **NOT** -ИВАТЬ, -ЫВАТЬ!

Examples

Я учу русский — I learn Russian, (РУССКИЙ — Russian)

Я говорю по-русски — I speak Russian (when you say that you speak any language you just have to remember to say it with the prefix [ПО-])

Я говорю по-английски — I speak English

Я говорю по-английски и учу русский — I speak English and (I) learn Russian (Sometimes one can use verbs without pronouns)

Мы путешествуем и учим английский язык — We travel and learn the English language

Она читает и говорит по-русски — She reads and speaks Russian

Мы думаем и мечтаем — We think and dream

Они слушают русский язык — They listen to Russian language

Вы спрашиваете, но не отвечаете — You (plural) ask but don't answer

Мы обсуждаем, как учить русский язык — We discuss, how to learn Russian language

Он прыгает на диване, она делает уроки — He jumps on the sofa, she does homework

Я изучаю иностранный язык — I study a foreign language

*Exceptions of 2nd conjugation:

7verbs with [-ЕТЬ]: видеть, ненавидеть, смотреть, зависеть, терпеть, вертеть, обидеть. 4 verbs with [-АТЬ]: держать, слышать, дышать, гнать.

These verbs are conjugated by the rule of the 2nd conjugation group in the present tense despite the fact that they end at [-ЕТЬ] and [-АТЬ]!

*Exceptions of 1st conjugation:

The exceptions are 2 verbs with [-ИТЬ]: брить, стелить. These 2 verbs are conjugated by rule of the 1st conjugation in the present tense.

The exceptions are also applicable for participles (lesson 18).

Have you noticed different endings of nouns and adjectives? If you didn't — don't worry! This subject will be considered in the lessons 6, 7, 8.

Exercises

Conjugate verbs in present tense.

1. Я _____, что Русский язык не сложный (ДУМАТЬ – to think) – I think that Russian language is not difficult

2. Андрей и Толя _____ звёзды (СЧИТАТЬ – to count) – Andrey and Tolya count the stars

3. Моя мама _____ в школе (РАБОТАТЬ – to work) – My mom works in school

4. Что ты _____ ? (РИСОВАТЬ – to draw) – What do you draw?

5. Мы _____ музыку часто (СЛУШАТЬ – to listen) – We listen to music often

   In the following sentences the verbs are irregular. Check their conjugation in the chapter "IRREGULAR VERBS"

6. Мой друг часто _____ (ВРАТЬ – to lie) – My friend lies often

7. Я _____ играть на гитаре (ЛЮБИТЬ – to love) – I love to play guitar

8. Учительница _____ на доске (ПИСАТЬ – to write) – Teacher writes on the blackboard

9. Мы _____ яблоки каждый день (ЕСТЬ – to eat) – We eat apples everyday

Answers

1: Думаю, 2: Считают, 3: Работает, 4: Рисуешь,

5: Слушаем, 6: Врёт, 7: Люблю, 8: Пишет, 9: Едим

LESSON 2: "TO BE" IN PRESENT TENSE, PREPOSITIONS

The verb «To be» — БЫТЬ is not used in present tense. For example, in English we say «I am a student» but in Russian we have to say «I student». The verb БЫТЬ exists for present tense but is not used, it has the form ЕСТЬ for all pronouns (Я ЕСТЬ, ТЫ ЕСТЬ and so on).

And one more thing — there are no articles (a, the) in the Russian language.

Я СТУДЕНТ	I am a student
ТЫ ВОДИТЕЛЬ	You are a driver
ОН УЧИТЕЛЬ	He is a teacher
ОНА ЗДЕСЬ	She is here
МЫ ДОМА	We are home
ВЫ НА РАБОТЕ	You are at work
ОНИ В МАШИНЕ	They are in a car
ЭТО КОТ	It is a cat

In order to build the interrogative form — just change intonation and add the question mark "?".

Examples

Ты студент? — Are you a student?

Я на работе? — Am I at work?

Это кот? — Is it a cat?

Кто это? – Who is it?

Ты где? – Where are you?

Медведь коричневый – The bear is brown

Еда вкусная – The food is tasty

Что это? – What is it?

Эта книга очень интересная – This book is very interesting

PREPOSITIONS

In order to make this simpler here is a picture demonstrating the prepositions in the two-dimensional space.

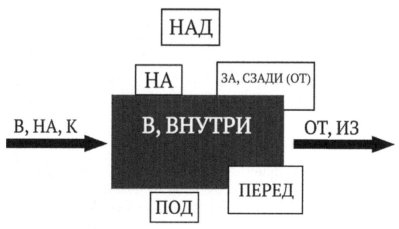

В	In, to, into, at
НА	On, to, onto
К	To
ИЗ	From, out of
ОТ	From
НАД	Above, over
ПОД	Under
СЛЕВА (ОТ)	Left of
СПРАВА (ОТ)	Right of
ВНУТРИ	Inside
СНАРУЖИ	Outside
СЗАДИ	Behind of
ПЕРЕД	In front of
ЗА	Behind, for
МЕЖДУ	Between
ДЛЯ	For
С	With
БЕЗ	Without

Russian prepositions not always match English ones.

Each preposition require a case. The cases of pronouns, nouns, adjectives will be considered in lessons 6, 7, 8. In this lesson try to just memorize them, and read examples.

Examples

Это самолёт? Нет, это вертолёт — Is it an airplane? No, this is a helicopter

Я прыгаю на батуте — I am jumping on the trampoline

Диск не в компьютере, он снаружи — The disk is not in the computer, this is outside

Мы здесь, но они в другом городе — We are here but they are in another city

Молоко на столе — The milk is on the table

Она в автобусе — She is on the bus (literally: in the bus)

Он летает на самолёте — He flies by airplane (literally: on airplane)

Мы из России – We are from Russia

Кот спит под столом – The cat is sleeping under the table

Что внутри коробки? – What is inside the box?

Мороженное с шоколадом – An ice cream with chocolate

Я жду перед входом – I am waiting in front of the entrance

Андрей живёт в Екатеринбурге – Andrey lives in Ekaterinburg

Мы учим Английский язык в школе – We learn English language at school

Have you noticed different endings of nouns and adjectives? If you didn't — don't worry! This subject will be considered in the lessons 6, 7, 8.

LESSON 3: PAST TENSE

In this lesson we will consider the past tense form of verbs including the verb БЫТЬ — to be. We will consider only the imperfective aspect of verbs, and what is it — you'll know later, in lesson 16. For now just focus on this lesson!

Regular verbs in the past tense are formed by dropping the last two letters (-ТЬ) for the 1st , as well as the 2nd conjugations, and adding an appropriate lending regarding to a gender of a speaker or plural.

ГОВОРИТЬ - to speak/to talk/to say

Я ГОВОРИЛ	I spoke(a man says)
Я ГОВОРИЛА	I spoke(a woman says)
ТЫ ГОВОРИЛ	You spoke(said to a man)
ТЫ ГОВОРИЛА	You spoke(said to a woman)
ОН ГОВОРИЛ	He spoke
ОНА ГОВОРИЛА	She spoke
МЫ ГОВОРИЛИ	We spoke
ВЫ ГОВОРИЛИ	You spoke(plural)
ОНИ ГОВОРИЛИ	They spoke
ОНО ГОВОРИЛО	It spoke(ОН**О** - it - neuter pronoun)

Notice that verbs in masculine gender have the ending [Л], in feminine [-ЛА], in neuter [-ЛО], and in plural [-ЛИ] but I recommend that you simply try to remember which form to use with each pronoun. More information about grammatical genders and plural will be considered in lesson 5. In order to improve your skill of verb conjugation, conjugate 20 - 50 verbs by yourself.

Let's conjugate the verb УЧИТЬ with a negation —

НЕ УЧИТЬ (not to learn):

Я НЕ УЧИЛ	I didn't learn(a man says)
Я НЕ УЧИЛА	I didn't learn(a woman says)
ТЫ НЕ УЧИЛ	You didn't learn(said to a man)
ТЫ НЕ УЧИЛА	You didn't learn(said to a woman)
ОН НЕ УЧИЛ	He didn't learn
ОНА НЕ УЧИЛА	She didn't learn
МЫ НЕ УЧИЛИ	We didn't learn
ВЫ НЕ УЧИЛИ	You didn't learn(plural)
ОНИ НЕ УЧИЛИ	They didn't learn
ОНО НЕ УЧИЛО	It didn't learn

Now let us consider verbs of 1th conjugation, it is almost the same.

ЗНАТЬ – to know:

Я ЗНАЛ	I knew(a man says)
Я ЗНАЛА	I knew(a woman says)
ТЫ ЗНАЛ	You knew(said to a man)
ТЫ ЗНАЛА	You knew(said to a woman)
ОН ЗНАЛ	He knew
ОНА ЗНАЛА	She knew
МЫ ЗНАЛИ	We knew
ВЫ ЗНАЛИ	You knew(plural)
ОНИ ЗНАЛИ	They knew
ОНО ЗНАЛО	It knew (ОНО- it - neuter pronoun)

Interrogative form: Just change intonation and add the question mark»?».

The verb БЫТЬ (to be):

Я БЫЛ	I was(a man says)
Я БЫЛА	I was(a woman says)
ТЫ БЫЛ	You were(said to a man)
ТЫ БЫЛА	You were(said to a woman)
ОН БЫЛ	He was
ОНА БЫЛА	She was

МЫ БЫЛИ	We were
ВЫ БЫЛИ	You were(plural)k
ОНИ БЫЛИ	They were
ОНО БЫЛО	It was (ОНО- it - neuter pronoun)

And in conclusion, memorize the question words:

ЧТО? What?

КАКОЙ? What?

КТО? Who?

ГДЕ? Where?

КОГДА? When?

ПОЧЕМУ? Why?

ЗАЧЕМ? What for?

КУДА? Whereto?

ОТКУДА? From where?

СКОЛЬКО? How much?/how many?

Examples

Я знал про ту книгу — I knew about that book.

Я видел пустой город — I saw an empty town.

Ты был в Москве? — Have you been to Moscow?

Машина была в гараже — A car was in the garage.

Мы б**ы**ли на м**о**ре — We were at the sea.

Я знал о теб**е** — I knew about you

Ты ид**ё**шь в спортз**а**л — You are going to gym

Я шёл на конц**е**рт — I was going to the concert

Мы шли м**е**дленно — We went slowly

Они игр**а**ли на компь**ю**тере — They were playing on the computer

Что ты д**е**лаешь? Я пиш**у** текст — What are you doing? I am writing a text

Как ты собир**а**ешься покуп**а**ть маш**и**ну? — How are you going to buy a car?

Когд**а** вы **е**здили в Петербург? В **а**вгусте — When did you go to Petersburg? In August.

Он говор**и**л по-англ**и**йски, но он**а** не понима́ла — He spoke English but she didn't understand.

Почем**у** ты хот**е**ла идт**и** в магаз**и**н вчер**а**? — Why did you want to go to a shop yesterday?

Когд**а** ты хот**е**л покуп**а**ть н**о**вый дом? Ч**е**рез м**е**сяц — When are you going to buy a new house? In a month.

Говор**я**т, что он**а** хот**е**ла изуч**а**ть иск**у**сство — One says that she wanted to study arts.

Здесь стр**о**или зд**а**ние — One built a building here

Про **э**то расск**а**зывали мн**о**го раз — One told about it many times.

Я поним**а**л мн**о**го язык**о**в — I understood many languages

Exercises

Conjugate verbs in the past tense.

1. Моя сестра(feminine) _____ на диване (ЛЕЖАТЬ – to lie down) – My sister lied down on sofa

2. Яблоко(neuter) _____ с дерева (ПАДАТЬ – to fall) – The apple fell from the tree.

3. Хомяк(masculine) _____ есть (ХОТЕТЬ – to want) – The hamster wanted to eat

4. Наши друзья(plural) _____ фильм (СМОТРЕТЬ – to watch) – Our friends watched a film

5. Я(female) _____ это не так (ПРЕДСТАВЛЯТЬ – to imagine) – I imagined it not so

6. Эти люди(plural) _____ здесь? (БЫТЬ – to be) – These people have been here?

7. Что они _____ когда были здесь? (ДЕЛАТЬ – to do) – What did they do when they have been here?

8. Мы не _____ Эрмитаж в Петербурге (ПОСЕЩАТЬ – to visit) – We didn't visit the Hermitage in Petersburg

9. Я(male) _____ стену (КРАСИТЬ – to paint) – I painted the wall

10. Еда(feminine) _____ в холодильнике (БЫТЬ – to be) – The food was in the refrigerator

Answers

1: Лежала, 2: Падало, 3: Хотел, 4: Смотрели,

5: Представляла, 6: Были, 7: Делали, 8: Посещали,

9:Красил

LESSON 4: FUTURE TENSE AND VERBS OF MOTION

As it was said before, at the first level we consider only simple (imperfective) tenses. Therefore, the form of the future tense that we'll consider is very easy. It has verbal construction:

БЫТЬ in future tense + A VERB IN INFINITIVE!

Here is the conjugation of the verb БЫТЬ — all you need to know to build sentences in future tense:

Я БУДУ	I will be
ТЫ БУДЕШЬ	You will be
ОН БУДЕТ	He will be
ОНА БУДЕТ	She will be
МЫ БУДЕМ	We will be
ВЫ БУДЕТЕ	You will be(plural, polite)
ОНИ БУДУТ	They will be
ОНО БУДЕТ	It will be

And now let's add the verb ОТДЫХАТЬ (to relax):

Я БУДУ ОТДЫХАТЬ	I will relax
ТЫ БУДЕШЬ ОТДЫХАТЬ	You will relax
ОН БУДЕТ ОТДЫХАТЬ	He will relax
ОНА БУДЕТ ОТДЫХАТЬ	She will relax
МЫ БУДЕМ ОТДЫХАТЬ	We will relax

ВЫ БУДЕТЕ ОТДЫХАТЬ	You will relax(plural, polite)
ОНИ БУДУТ ОТДЫХАТЬ	They will relax
ОНО БУДЕТ ОТДЫХАТЬ	It will relax

Also, memorize the conjugation of the verb **МОЧЬ — can** in all three tenses. This is one of the more complicated modal verbs with a special own conjugation.

Present	Past	Future
Я МОГ**У** I can	Я МОГ I(m) Я МОГЛ**А**(f)	Я СМОГ**У**
ТЫ М**О**ЖЕШЬ You can	ТЫ МОГ(m) ТЫ МОГЛ**А**(f)	ТЫ СМ**О**ЖЕШЬ
ОН М**О**ЖЕТ He can	ОН МОГ	ОН СМ**О**ЖЕТ
ОНА М**О**ЖЕТ She can	ОНА МОГЛ**А**	ОНА СМ**О**ЖЕТ
МЫ М**О**ЖЕМ We can	МЫ МОГЛ**И**	МЫ СМ**О**ЖЕМ
ВЫ М**О**ЖЕТЕ You can	ВЫ МОГЛ**И**	ВЫ СМ**О**ЖЕТЕ
ОНИ М**О**ГУТ They can	ОНИ МОГЛ**И**	ОНИ СМ**О**ГУТ

By comparing the future tenses of English and Russian language, you can notice: there is not difference between English analogues «I will do» and «I will be doing» in Russian language (the only exception — verbs of motion). In Russian both forms are translated as Я Б**У**ДУ Д**Е**ЛАТЬ.

Examples

Я смогу быть в городе завтра — I will be able to be in the city tomorrow

Он сегодня не сможет быть в школе — He will not be able to be at school today

Мы будем отдыхать на новый год — We will relax in the New Year

Где ты будешь на рождество? — Where will you be for Christmas?

Куда он будет вкладывать деньги? — Where will he invest money?

Они завтра не будут гулять в парке — They will not walk in the park tomorrow

Я буду прыгать на батуте — I will be jumping on the trampoline

Это будет новое здание — This will be a new building.

Что ты будешь делать завтра? — What will you do tomorrow?

В какой цвет ты будешь красить стену? — In what color will you paint the wall?

Вы сможете встретить меня в аэропорту? - Will you be able to meet me in the airport?

Они будут работать вместе? - Will they work together?

Have you noticed different endings of words? — The subject of lessons 6,7,8 discuss these.

Verbs of motion

There are some special verbs in Russian Language that have a continuous tense form. These verbs are verbs of motion: ХОДИТЬ — to go, БЕГАТЬ — to run, ПЛАВАТЬ — to swim, ЛЕТАТЬ -to fly, НОСИТЬ — to carry, ВОДИТЬ — to lead, ЛАЗИТЬ — to climb, ПОЛЗАТЬ — to crawl. Here is the table of these verbs in their continuous forms:

Simple	Continuous
ХОДИТЬ	ИДТИ
БЕГАТЬ	БЕЖАТЬ
ПЛАВАТЬ	ПЛЫТЬ
ЛЕТАТЬ	ЛЕТЕТЬ
НОСИТЬ	НЕСТИ
ЛАЗИТЬ	ЛЕЗТЬ
ПОЛЗАТЬ	ПОЛЗТИ
ВОДИТЬ	ВЕСТИ

Check conjugation of these verbs in the continuous form in the ADDITIONAL MATERIAL in the chapter – ***IRREGULAR VERBS****.*

Examples

Я хожу — I go/I walk

Я иду — I am going

Я летаю — I fly

Я лечу — I am flying

Ты летишь — you are flying

Я плаваю — I swim

Я плыву — I am swimming

Ты плывёшь — you are swimming

Я бегаю — I run

Я бегу — I am running

Ты бежишь you are running

Мой самолёт уже летит — my airplane is already flying

Курьер бежит к получателю — courier is running to the recipient

Водолаз плывёт под водой — a diver is swimming under water

Ребёнок ползает в постели — a child crawls in bed

Ты где? Я уже иду — where are you? I am already going

Почему эта птица летит так быстро? — Why this bird is flying so fast?

Почему вы так быстро ходите? – Why do you walk so fast?

Турист несёт тяжёлую сумку — The tourist is carrying a heavy bag

Exercises

Conjugate БЫТЬ in the future tense.

1. Она _____ плавать в бассейне – She will swim in the pool

2. Мои родственники _____ на даче – My relatives will be in country house

3. Сегодня мы не _____ спать – Today we will not sleep

4. Я не _____ пить коньяк – I will not drink cognac

5. Ты _____ помогать мне? – Will you help me?

Decide whether you have to use continuous form of a verb of motion and conjugate them. Check the conjugation of continuous form in the chapter "IRREGULAR VERBS".

6. Я _____ за тобой (БЕГАТЬ/БЕЖАТЬ – to run) – I <u>am running</u> after you

7. Женщина _____ в бассейне (ПЛАВАТЬ/ПЛЫТЬ – to swim) – A woman <u>swims</u> in the pool

8. Ребёнок _____ на полу (ПОЛЗАТЬ/ПОЛЗТИ – to crawl) – A child <u>crawls</u> on the floor

9. Куда вы _____ ? (ХОДИТЬ/ИДТИ – to go) – Where <u>were</u> you <u>going</u>?

10. На какой высоте _____ наш самолёт? (ЛЕТАТЬ/ЛЕТЕТЬ – to fly) – On what altitude our airplane <u>flew</u>?

Answers

1: Будет, 2: Будут, 3: Будем, 4: Буду, 5: Будешь, 6: Бегу, 7: Плавает, 8: Ползает, 9: Шли, 10: Летел

LESSON 5: GENDERS AND PLURAL

There are three genders in Russian language: masculine, feminine, neuter.

They belong to nouns and adjectives. Nouns of masculine have endings out of consonant sounds, feminine — vowels sounds and [-Ь], nouns of neuter endings have endings [-О], [-Е]. Plural words don't have a gender. First of all, let's try to distinguish genders of the words:

СЫН	masculine
ДОЧЬ	feminine
ДИВАН	masculine
СТОЛ	masculine
ПОСТЕЛЬ	feminine
ЗДАНИЕ	neuter
МОЛОКО	neuter
РАКЕТА	feminine
МАШИНА	feminine
ТРАКТОР	masculine
ШКОЛА	feminine
УНИВЕРСИТЕТ	masculine
НОЧЬ	feminine
ДЕНЬ	masculine

УТРО	neuter	
ВЕЧЕР	Masculine	
НЕДЕЛЯ	Feminine	
МЕСЯЦ	Masculine	
КА**ФЕ**	Neuter	
ПАЛЬ**ТО**	Neuter	
ДЕ**РЕ**ВО	Neuter	

There are some exceptions when the physical gender of the word's meaning doesn't match the grammatical one:

МУЖЧИНА (masculine) — a man

ЖЕНЩИНА (feminine) — a woman

МАМА (feminine) — mom

ПАПА (masculine) — dad

ДЕДУШКА (masculine) — grandad

БАБУШКА (feminine) — grandma

After you get confident determining the genders of nouns — it will be time to get confident identifying the genders of adjectives. It is more easy: **masculine adjectives** have endings [-ОЙ], [-ИЙ], [-ЫЙ], **feminine** [-АЯ], [-ЯЯ], **neuter** [-ОЕ], [-ЕЕ].

СИНИЙ	masculine	blue
СИНЯЯ	feminine	blue
СИНЕЕ	Neuter	blue

КРАСИВЫЙ	Masculine	beautiful
КРАСИВАЯ	Feminine	beautiful
КРАСИВОЕ	Neuter	beautiful
ОБЫЧНЫЙ	Masculine	usual
ХОРОШАЯ	Masculine	good
ПЛОХОЙ	Masculine	bad
ИНТЕРЕСНОЕ	Neuter	interesting

And one more subject of this lesson is **plural**. In order to convert a word from singular to plural we have to add endings:

— **For masculine nouns** ending in a voiced consonant (Б, В, Г, Д, Л, М, Н, Р) or Ъ - add [-Ы].

— **For masculine nouns** ending in an unvoiced consonant (К, Т, Ш, Щ, П, Ф, Х, Ч) or Ь — add [-И].

— **For masculine nouns** ending in –ОК, -ЕЦ change the ending to –КИ, -ЦЫ.

— **For feminine nouns** ending in –Я or –Ь, replace –Я or -И with –И.

— **For feminine nouns** ending in –А, replace –А with –Ы, but if there is one of these consonants Г, К, Х, Ж, Ч, Ш, Щ before –А, replace –А with -И.

— **For neuter nouns**, replace [-Е] with [-Я], and [-О] with [-А]

— **For adjectives,** regardless of a gender, look at the letter before the ending. If it is one of these consonants: Г, К, Х, Ж, Ч, Ш, Щ, the ending will be [–ИЕ], and if it is one of these: Б, В, Д, З, Л, М, Н, П, Р, С, Т – the ending will be [–ЫЕ].

Look at the examples below and find out which rule is used with each of them:

Singular	Plural	
КОМПЬЮТЕР (m)	КОМПЬЮТЕРЫ	Computers
НОУТБУК (m)	НОУТБУКИ	Notebooks
КВАРТИРА (f)	КВАРТИРЫ	Apartments
ТАРЕЛКА (f)	ТАРЕЛКИ	Plates
ЧАШКА (f)	ЧАШКИ	Cups
ДВЕРЬ (f)	ДВЕРИ	Doors
ЗДАНИЕ (n)	ЗДАНИЯ	Buildings
МЕРОПРИЯТИЕ (n)	МЕРОПРИЯТИЯ	Events
ПРОФЕССИЯ (f)	ПРОФЕССИИ	Professions
КНИГА (f)	КНИГИ	Books
КРАСИВЫЙ (m)	КРАСИВЫЕ	Beautiful
ЖЁЛТАЯ (f)	ЖЁЛТЫЕ	Yellow
КРАСНЫЙ (m)	КРАСНЫЕ	Red
ГРОМКИЙ (m)	ГРОМКИЕ	Loud
БЫСТРАЯ (f)	БЫСТРЫЕ	Fast
ИНТЕРЕСНОЕ (n)	ИНТЕРЕСНЫЕ	Interesting
ТИХОЕ (n)	ТИХИЕ	Quiet
МАЛЕНЬКИЙ (m)	МАЛЕНЬКИЕ	Small

Also there are many irregular plural nouns that should be just memorized. The most often used of them are:

ДРУГ – ДРУЗЬЯ friend-friends

ДЕРЕВО - ДЕРЕВЬЯ tree-trees

БРАТ – БРАТЬЯ brother-brothers

СЕСТРА – СЁСТРЫ sister-sisters

СТУЛ – СТУЛЬЯ chair-chairs

МАТЬ – МАТЕРИ mother-mothers

ДОЧЬ – ДОЧЕРИ daughter-daughter

АДРЕС – АДРЕСА address-addresses

ГЛАЗ – ГЛАЗА eye-eyes

ГОРОД – ГОРОДА city-cities

ДОМ – ДОМА house-houses

ЦВЕТ – ЦВЕТА color-colors

ЧЕЛОВЕК – ЛЮДИ human-humans

РЕБЁНОК – ДЕТИ child-children

РОТ – РТЫ mouth-mouths

Examples

Она красивая девушка — She is a beautiful girl.

Он красивый мужчина — He is a handsome man

Это старое здание — This is an old building.

Завтра я буду делать домашнее задание — Tomorrow I will do the homework.

Я пью вкусное пиво — I drink a tasty beer.

Мы едим вкусный торт — We eat a tasty cake.

В комнате красивая картина — A beautiful picture in the room.

Громкая музыка — Loud music.

Преподаватель давал сложные задания — A professor was giving difficult tasks.

Белые стены, высокие башни — White walls, high towers

Напиток и напитки — a drink and drinks

Американец и американцы — and American and Americans

Канадец и канадцы — a Canadian and Canadians

Песни в плейлисте — Songs in the playlist

Шапки на витрине — Caps in the showcase

Он дарил цветы — He gave flowers

Мы смотрели новые фильмы — We watched new films

Хорошие учебники — Good textbooks

Hint: when you learn new words, check their plural form.

Exercises

Use appropriate plural form of nouns

1. На столе три _____ воды (БУТЫЛКА – bottle) – There are three bottles of water on the table.

2. В нашем лесу есть дикие _____ (ЖИВОТНОЕ – animal)

3. В этой машине мягкие _____ (СИДЕНЬЕ – seat) – This car has soft seats (literally: In this car soft seats)

4. Российские _____ (ЖЕЛЕЗНАЯ ДОРОГА – railroad) – Russian railroads

5. На садовом рынке продаются _____ (ДЕРЕВО – tree) – trees are sold in a garden market

6. На электронную почту приходят _____ (СООБЩЕНИЕ – message) – messages come to email

Use appropriate gender or plural form of adjective

7. Рубашка _____ , штаны _____ , шапка _____ (ЗЕЛЁНЫЙ – green, БЕЛЫЙ – white, ЖЁЛТЫЙ – yellow) – Shirt is green, pants are green, hat is white

8. Эти люди очень _____ (ДРУЖЕЛЮБНЫЙ – friendly) – These people are very friendly

9. Эти грибы _____ (РЕДКИЙ – rare) – These mushrooms are rare

Answers

1: бутылки, 2: животные, 3: сиденья, 4: железные дороги, 5: деревья, 6: сообщения, 7: зелёная, белые, жёлтая, 8: дружелюбные, 9: редкие

LESSON 6: CASES OF PRONOUNS

This subject is a little bit big and because of that this is divided into three lessons. There are six cases in the Russian language. At first it will seem complicated but it follows sound logic and if you learn 50—100 words in each case you will be able to get confident with it. There are some exceptions and words which one must just remember. We'll begin from pronouns in this lesson and in the next lessons we'll continue by nouns and adjectives, but first of all let's consider what each case means:

NOMINATIVE designates an initial form of a word and answers the questions «Who?» and «What?». Hint phrase: «this is.. (a word in nominative)..»

GENITIVE designates relation between a verb and an object. Used analogically to the English preposition «of», after designation of number of an object, in negation, and after the prepositions "ИЗ, ОТ, ВНУТРИ, СНАРУЖИ, СЛЕВА, СПРАВА, ОКОЛО, ДЛЯ ...". For example «The thing consists of ...», «One hundred ...», «Many .... » , «there is no ... » Hint phrase: «I don't have ... (a word in genitive)». This is the most often used case.

DATIVE designates an indirect object. Often it indicates giving or direction of an action to an object. Also used after the prepositions «К, ПО». For example «To give to...», «Идти к (to go to) ...)». Hint phrase: «I give to ... (a word in dative)»

ACCUSATIVE indicates a direct object of an action. «I can see...», «I use...», «I clean...», «I do...», «I make...». Hint phrase: «I can see ... (a word in accusative.)».

INSTRUMENTAL Is used analogically to English preposition «by». This is the «instrument» by which one performs and action. Also used after the prepositions «с, со, под, над, перед, за». Hint phrase: «I write it by ... (a word in instrumental)»

PREPOSITIONAL Designates place of an object or an object of speech. This case is always used with a preposition: «о, обо, про, на». For example: Hint phrase: «I tell about ... (a word in prepositional)».

To make it more simple — look at the table of prepositions and see which case we have to use after which preposition:

Nominative	Кто? Что?	Preposition
Genitive	Кого? Чего?	ОТ, ИЗ, ВНУТРИ, СНАРУЖИ, СЛЕВА, СПРАВА, ОКОЛО, ДЛЯ
Dative	Кому? Чему?	К, КО, ПО
Accusative	Кого? Что?	ЧЕРЕЗ, В(into), НА(onto)
Instrumental	Кем? Чем?	С, СО, ПОД, НАД, ПЕРЕД, ЗА
Prepositional	О ком? О чём? Где?	О, ОБО, НА(on), В(in)

It is not necessary to memorize this entire table at once without a context, use it in practice and you will memorize it gradually. This is the declension of the pronoun Я:

Nominative	Я	I
Genitive	МЕНЯ	Me
Dative	МНЕ	Me
Accusative	МЕНЯ	Me
Instrumental	МНОЙ	Me
Prepositional	О МНЕ	About me

Here is how to use it:

ЭТО Я — This is me (nominative)

ОН ИДЁТ ОТ МЕНЯ — He goes from me (genitive)

ОН ВИДИТ МЕНЯ — He sees me (accusative)

ОНИ ИДУТ КО МНЕ — They go to me (dative)

ОН ГОВОРИТ СО МНОЙ — He speaks with me (instrumental)

ОНА ГОВОРИТ ОБО МНЕ — She talks about me (prepositional)

Nominative	Я	ТЫ	ОН	ОНА
Genitive	МЕНЯ	ТЕБЯ	ЕГО/НЕГО	ЕЁ
Dative	МНЕ	ТЕБЕ	ЕМУ/НЕМУ	ЕЙ/НЕЙ
Accusative	МЕНЯ	ТЕБЯ	ЕГО/НЕГО	ЕЁ/НЕЁ
Instrumental	МНОЙ	ТОБОЙ	ИМ/НИМ	ЕЙ/НЕЙ
Prepositional	О МНЕ	О ТЕБЕ	О НЁМ	О НЕЙ

Nominative	МЫ	ВЫ	ОНИ
Genitive	НАС	ВАС	ИХ
Dative	НАМ	ВАМ	ИМ
Accusative	НАС	ВАС	ИХ
Instrumental	НАМИ	ВАМИ	ИМИ
Prepositional	О НАС	О ВАС	О НИХ

Possessive pronouns

We have to know how to say "my, your, his" and so on. And memorize cases of these pronouns as well.

МОЙ(m), МОЯ(f), МОЁ(n), МОИ(pl) – my/mine

ТВОЙ(m), ТВОЯ(f), ТВОЁ(n), ТВОИ(pl) – your/yours

ЕГО(m), ЕГО(f), ЕГО(n), ЕГО(pl) - his

ЕЁ(m), ЕЁ(f), ЕЁ(n), ЕЁ(pl) – her/hers

НАШ(m), НАША(f), НАШЕ(n), НАШИ(pl) – our/ours

ВАШ(m), ВАША(f), ВАШЕ(n), ВАШИ(pl) – your/yours

ИХ(m), ИХ(f), ИХ(n), ИХ(pl) – their/theirs

As you can see, the pronouns ЕГО, ЕЁ, ИХ are the same for all genders, and they are also the same in all cases, so let's decline by cases only changeable pronouns МОЙ, ТВОЙ, ВАШ, НАШ. Have a quick look at these tables below, and after them read, how to memorize them quicker.

Nom.	МОЙ	МОЯ	МОЁ	МОИ
Gen.	МОЕГО	МОЕЙ	МОЕГО	МОИХ
Dat.	МОЕМУ	МОЕЙ	МОЕМУ	МОИМ
Acc.	МОЙ	МОЮ	МОЁ	МОИ
Inst.	МОИМ	МОЕЙ	МОИМ	МОИМИ
Prep.	О МОЁМ	О МОЕЙ	О МОЁМ	О МОИХ

Nom.	ТВОЙ	ТВОЯ	ТВОЁ	ТВОИ
Gen.	ТВОЕГО	ТВОЕЙ	ТВОЕГО	ТВОИХ
Dat.	ТВОЕМУ	ТВОЕЙ	ТВОЕМУ	ТВОИМ
Acc.	ТВОЙ	ТВОЮ	ТВОЁ	ТВОИ
Inst.	ТВОИМ	ТВОЕЙ	ТВОИМ	ТВОИМИ
Prep.	О ТВОЁМ	О ТВОЕЙ	О ТВОЁМ	О ТВОИХ

Nom.	НАШ	НАША	НАШЕ	НАШИ
Gen.	НАШЕГО	НАШЕЙ	НАШЕГО	НАШИХ
Dat.	НАШЕМУ	НАШЕЙ	НАШЕМУ	НАШИМ
Acc.	НАШ	НАШУ	НАШ	НАШИ
Inst.	НАШИМ	НАШЕЙ	НАШИМ	НАШИМИ
Prep.	О НАШЕМ	О НАШЕЙ	О НАШЕМ	О НАШИХ

Nom.	ВАШ	ВАША	ВАШЕ	ВАШИ
Gen.	ВАШЕГО	ВАШЕЙ	ВАШЕГО	ВАШИХ
Dat.	ВАШЕМУ	ВАШЕЙ	ВАШЕМУ	ВАШИМ

Acc.	ВАШ	ВАШУ	ВАШ	ВАШИ
Inst.	ВАШИМ	ВАШЕЙ	ВАШИМ	ВАШИМИ
Prep.	О ВАШЕМ	О ВАШЕЙ	О ВАШЕМ	О ВАШИХ

So, how to memorize this amount of information more quick? We have to find something common in all of these declined pronouns. Now look at <u>М</u>ОЙ and <u>ТВ</u>ОЙ, these pronouns differ only by underlined letters М and ТВ, and their forms in declension also differ only by the letters М and ТВ. Then, look at <u>В</u>АШ and <u>Н</u>АШ, same situation here! Declensions differ only by letters Н and В, and moreover, they are all similar to declensions of МОЙ and ТВОЙ! This was just my personal tip on how to memorize these declensions.

Examples

Я вижу его — I can see him (Accusative)

Я его вижу — I can see him (Accusative)

Он смотрит на неё — She looks at her (Accusative)

Она любит тебя — She loves you (Accusative)

Мы говорим с ними — We talk to them (Instrumental)

Вы верите нам — You believe us (Dative)

Они понимают её — They understand her (Accusative)

Я иду к ней — I go to her (Dative)

Она идёт ко мне — She goes to me (Dative)

Он играет с ним — She plays with him (Instrumental)

Он стоит около тебя — She stands next to you (Genitive)

Дом перед тобой — The house is in front of you (Instrumental)

Озеро рядом с ней — The lake is near her (Instrumental)

Я стою справа от него — I am standing right of him (Genitive)

Она рассказывает ему — She tells him (Dative)

Мы идём к нему — We go to him (Dative)

Она играет с ней — She plays with her (Instrumental)

Он рассказывал о них — He told about them (Prepositional)

Мой друг рассказывал мне о его приключениях — My friend told me about his adventures

Я думаю о вашем благополучии — I think about your well-being

Моя учительница учила нас говорить по-русски — My teacher(female) taught us to speak Russian

Это не твоё, это наше! — This is not yours, this is ours!

Я иду в их дом — I go to their home

С их помощью мы строим наш дом — With their help we build our house

Здесь нет ваших документов — There are not your documents here

Они помогали нашим друзьям — They helped our friends

Exercises

Decline pronouns in appropriate cases

1. Ты ви́дишь _____ среди́ этих люде́й? (ОН – he) – Can you see <u>him</u> among these people?

2. Вы бу́дете рабо́тать с _____? (МЫ – we) – Will you work with <u>us</u>?

3. Что вы _____ предлага́ете ? (Я – I) – What do you offer <u>me</u>?

4. Пожа́луйста, расскажи́те о _____ (ОН<u>А</u> – she) – Please, tell about her

5. Мы бу́дем сотру́дничать с _____ (ВЫ – you) – We will collaborate with you

Decline possessive pronouns in appropriate cases

6. Они́ рабо́тают _____ инструме́нтами (Н<u>А</u>ШИ – our) – They work by our instruments

7. Ты чита́л _____ кни́гу? (МОЯ - my) – Did you read my book?

8. Заче́м мы слу́шаем _____ бред? (ИХ – their) – Why do we listen to their nonsense?

9. Что вы хоти́те де́лать с _____ дипло́мом? (МОЙ – my) – What do you want to do with my diploma?

10. Заче́м вы тро́гаете _____ ве́щи? (ЕЁ – her) – Why do you touch her things?

Answers

1: его́(acc.), 2: на́ми(inst.), 3: мне(dat.) 4: ней(prep.)

5: ва́ми(inst.), 6: на́шими(inst.), 7: мою́(acc.), 8: их(acc.),

9: мои́м(inst.), 10: её(acc.).

LESSON 7: CASES OF NOUNS

In the previous lesson we considered the cases of pronouns and now we can use it with adjectives and nouns. Here is the description of each case the same as in the previous lesson.

NOMINATIVE designates an initial form of a word and answers the questions «Who?» and «What?». Hint phrase: «this is.. (a word in nominative)..»

GENITIVE designates relation between a verb and an object. Used analogically to the English preposition «of», after designation of number of an object, in negation, and after the prepositions "ИЗ, ОТ, ВНУТРИ, СНАРУЖИ, СЛЕВА, СПРАВА, ОКОЛО, ДЛЯ ...". For example «The thing consists of ...», «One hundred ...», «Many .... » , «there is no ... » Hint phrase: «I don't have ... (a word in genitive)». This is the most often used case.

DATIVE designates an indirect object. Often it indicates giving or direction of an action to an object. Also used after the prepositions «К, ПО». For example «To give to...», «Идти к (to go to) ...)». Hint phrase: «I give to ... (a word in dative)»

ACCUSATIVE indicates a direct object of an action. «I can see...», «I use...», «I clean...», «I do...», «I make...». Hint phrase: «I can see ... (a word in accusative.)».

INSTRUMENTAL Is used analogically to English preposition «by». This is the «instrument» by which one performs and action. Also used after the prepositions «с, со, под, над, перед, за». Hint phrase: «I write it by ... (a word in instrumental)»

PREPOSITIONAL Designates place of an object or an object of speech. This case is always used with a preposition: «о, обо, про, на». For example: Hint phrase: «I tell about ... (a word in prepositional)».

To make it more simple — look at the table f prepositions and see which case we have to use after which preposition:

Nominative	Кто? Что?	Prepositions
Genitive	Кого? Чего?	ОТ, ИЗ, ВНУТРИ, СНАРУЖИ, СЛЕВА, СПРАВА, ОКОЛО
Dative	Кому? Чему?	К, КО
Accusative	Кого? Что?	ДЛЯ, ЧЕРЕЗ, В(to), НА(to)
Instrumental	Кем? Чем?	С, СО, ПОД, НАД, ПЕРЕД, ЗА
Prepositional	О ком? О чём? Где?	О, ОБО, ПРО, НА(on), В(in)

It is not necessary to memorize this table at once without a context, use it in practice and you will memorize it gradually.

A noun can belong to one of 3 declensions. These declensions determine case endings in each case. First of all let's see how to define each of these three declensions:

DECLENSION I: masculine and feminine nouns with the endings [-A], [-Я]. For example: БАБУШКА – grandma (feminine, ending [-A]), ДЕДУШКА – granddad (masculine, ending [-A])

DECLENSION II: masculine nouns with empty endings, and neuter nouns with endings [-O] and [-E]. For example, ДОМ - home (masculine, empty ending), КОНЬ – horse (masculine, empty ending), УТР<u>О</u> – morning (neuter, ending [-O]), СОЛНЦ<u>Е</u> – sun (neuter, ending [-E])

DECLENSION III: feminine nouns ending in [-Ь]. For example: НОЧ<u>Ь</u> – night, МЫШ<u>Ь</u> – mouse, КРОВ<u>А</u>ТЬ – bed.

Let us consider the 6 words in singular and plural forms and look at their endings in each case:

КНИГА(feminine, 1st declension) – book, КНИГИ – books(plural)

Nominative	КНИГА	КНИГИ
Genitive	КНИГИ	КНИГ
Dative	КНИГЕ	КНИГАМ
Accusative	КНИГУ	КНИГИ
Instrumental	КНИГОЙ	КНИГАМИ
Prepositional	О КНИГЕ	О КНИГАХ

ЗЕМЛ**Я** – land (feminine, 1st declension), ЗЕМЛ**И** – lands(plural)

Nominative	ЗЕМЛ**Я**	ЗЕМЛ**И**
Genitive	ЗЕМЛ**И**	ЗЕМ**ЕЛЬ**
Dative	ЗЕМЛ**Е**	ЗЕМЛ**ЯМ**
Accusative	ЗЕМЛ**Ю**	ЗЕМЛ**И**
Instrumental	ЗЕМЛ**ЁЙ**	ЗЕМЛ**ЯМИ**
Prepositional	О ЗЕМЛ**Е**	О ЗЕМЛ**ЯХ**

ПРОЕКТ – project (masculine, 2nd declension), ПРОЕКТЫ – projects(plural)

Nominative	ДИРЕКТОР	ДИРЕКТОР**Ы**
Genitive	ДИРЕКТОР **А**	ДИРЕКТОР**ОВ**
Dative	ДИРЕКТОР **У**	ДИРЕКТОР**АМ**
Accusative*	ДИРЕКТОР**А**	ДИРЕКТОР**ОВ**
Instrumental	ДИРЕКТОР**ОМ**	ДИРЕКТОР**АМИ**
Prepositional	О ДИРЕКТОР**Е**	О ДИРЕКТОР**АХ**

ЗДАНИЕ – building (neuter, 2nd declension), ЗДАНИЯ – buildings (plural)

Nominative	ЗД**АНИ**Е	ЗД**АНИ**Я
Genitive	ЗД**АНИ**Я	ЗД**АНИ**Й
Dative	ЗД**АНИ**Ю	ЗД**АНИ**ЯМ
Accusative*	ЗД**АНИ**Е	ЗД**АНИ**Я

Instrumental	ЗДАНИЕМ	ЗДАНИЯМИ
Prepositional	О ЗДАНИИ	О ЗДАНИЯХ

*- Accusative case In the **Declention II** matches with nominative if the noun is **inanimate**, and when the noun is **animated**, accusative case matches with genitive.

МЫСЛЬ – thought (feminine, 3rd declension), МЫСЛИ – thoughts

Nominative	МЫСЛЬ	МЫСЛИ
Genitive	МЫСЛИ	МЫСЛЕЙ
Dative	МЫСЛИ	МЫСЛЯМ
Accusative	МЫСЛЬ	МЫСЛИ
Instrumental	МЫСЛЬЮ	МЫСЛЯМИ
Prepositional	О МЫСЛИ	О МЫСЛЯХ

СТЕПЬ – steppe (feminine, 3rd declension), СТЕПИ – steppes

Nominative	СТЕПЬ	СТЕПИ
Genitive	СТЕПИ	СТЕПЕЙ
Dative	СТЕПИ	СТЕПЯМ
Accusative	СТЕПЬ	СТЕПИ
Instrumental	СТЕПЬЮ	СТЕПЯМИ
Prepositional	О СТЕПИ	О СТЕПЯХ

Now you can see the case endings of nouns on each declension. Try to read it mindfully and understand, try to decline 20-30 nouns from the dictionary.

Also, memorize how to say «there is/there are»: ЕСТЬ — there is, НЕТ — there are not. To learn it more detailed — jump to the lesson 14.

Examples

В городе нет реки — There is not a river in the city (реки — genitive)

На горе башня — A tower is on a mountain (на горе - prepositional, башня — nominative)

Картина на стене — A picture on the wall (стене — prepositional)

Я иду к зданию — I am going towards the building (зданию — dative)

Преподаватель учит студента — A professor teaches a student (студента — accusative, this is animated noun so the accusative case matches with genitive)

Я смотрю на поле — I look at the field (поле - accusative, this is inanimated noun, so the accusative case matches with genitive)

Я иду из спортзала — I am going from the sport hall (спортзала — genitive)

Мой брат доволен инструментом — My brother is satisfied by the instrument (инструментом — instrumental)

Музыкант играет на гитаре — The musician is playing guitar (гитаре — prepositional)

Программист работает с компьютерами — A programmer works with the computers (компьютерами — instrumental)

Учебник помогает студентам – The textbook helps the students (студентам — dative)

Иван хочет работать с клиентами — Ivan wants to work with clients (клиентами – instrumental)

Здесь есть много работы — There is a lot of work here (работы – genitive)

В нашем городе есть много магазинов — There are many shops in our city (магазинов – genitive)

Мы используем учебники в учебном процессе — We use textbooks in the study process (учебном процессе – prepositional)

Туристы посещают много интересных мест — Tourists visit many interesting places (интересных мест – genitive)

В русском языке есть три склонения существительных — There are three declensions of nouns in the Russian language (в русском языке – prepositional, склонения существительных – genitive)

Мы работаем с клиентами — We work with clients (с клиентами – prepositional)

Exercises

Use a noun in appropriate case

1. Зачем ты слушаешь эту _____ (МУЗЫКА – music) – Why do you listen to this music?

2. Ты встречал _____ в Сибири? (МЕДВЕДИ – bears) – Did you encounter with bears in Siberia?

3. Сколько _____ нужно готовить для праздника? (САЛАТ – salad) – How many salads one must cook for the celebration?

4. Сегодня он написал десять _____ (СТРАНИЦЫ – pages) – Today he has written ten pages

5. Сколько _____ у тебя в гараже? (ВЕЛОСИПЕД – bicycle) – How many bicycles are there in your garage?

6. Что мы не должны говорить нашим _____? (ДЕТИ – children) – What we must not say to our children?

7. Мы ремонтируем _____ нашего дома (КРЫША – roof) – We repair the roof of our house

8. Что ты делаешь с этими _____ (ДЕНЬГИ – money) – What do you do with this money?

9. О какой _____ ты мне говорил? (ДОРОГА – road) – About which road did you tell me?

Answers

1: музыку(acc.), 2: медведей(gen.), 3: салатов(gen.), 4: страниц(gen.), 5: велосипедов(gen.), 6: детям(dat.), 7: крышу(acc.), 8: деньгами(inst.) 9: дороге(prep.).

LESSON 8: CASES OF ADJECTIVES

In the previous lesson we considered the cases of nouns and now we are considering the cases of adjectives. Here is the description of each case the same as in the previous lesson. THERE WILL BE MANY TABLES IN THIS LESSON AGAIN! Also, you can take a look at the description of each case as in the previous two lessons.

NOMINATIVE designates an initial form of a word and answers the questions «Who?» and «What?». Hint phrase: «this is.. (a word in nominative)..»

GENITIVE designates relation between a verb and an object. Used analogically to the English preposition «of», after designation of number of an object, in negation, and after the prepositions "ИЗ, ОТ, ВНУТРИ, СНАРУЖИ, СЛЕВА, СПРАВА, ОКОЛО, ДЛЯ …". For example «The thing consists of …», «One hundred …», «Many …. » , «there is no … » Hint phrase: «I don't have … (a word in genitive)». This is the most often used case.

DATIVE designates an indirect object. Often it indicates giving or direction of an action to an object. Also used after the prepositions «К, ПО». For example «To give to…», «Идти к (to go to) …)». Hint phrase: «I give to … (a word in dative)»

ACCUSATIVE indicates a direct object of an action. «I can see…», «I use…», «I clean…», «I do…», «I make…». Hint phrase: «I can see … (a word in accusative.)».

INSTRUMENTAL Is used analogically to English preposition «by». This is the «instrument» by which one performs and action. Also used after the prepositions «с, со, под, над, перед, за». Hint phrase: «I write it by ... (a word in instrumental)»

PREPOSITIONAL Designates place of an object or an object of speech. This case is always used with a preposition: «о, обо, про, на». For example: Hint phrase: «I tell about ... (a word in prepositional)».

To make it more simple — look at the table of prepositions and see which case we have to use after which preposition:

Nominative	Кто? Что?	
Genitive	Кого? Чего?	ОТ, ИЗ, ВНУТРИ, СНАРУЖИ, СЛЕВА, СПРАВА, **О**КОЛО
Dative	Кому? Чему?	К, КО ,
Accusative	Кого? Что?	ДЛЯ, ЧЕРЕЗ, В(to), НА(to)
Instrumental	Кем? Чем?	С, СО, ПОД, НАД, ПЕРЕД, ЗА
Prepositional	О ком? О чём? Где?	О, ОБО, ПРО, НА, В

Nouns differ by declensions, but adjective's case endings differ by hard and soft endings. Hard ones: ЫЙ, ОЙ, АЯ, ОЕ, ЫЕ and soft ones are ИЙ, ЯЯ, ЕЕ, ИЕ, i.e those that contain the softening letter И. Let us consider two words in four variations (masculine, feminine, neuter, plural).

One with hard ending:

КРАСИВЫЙ (m), КРАСИВАЯ (f), КРАСИВОЕ (n), КРАСИВЫЕ (pl) — Beautiful

And one with soft ending:

СИНИЙ(m), СИНЯЯ(f), СИНЕЕ(n), СИНИЕ(pl) – blue

Masculine:

Nominative	КРАСИВЫЙ	СИНИЙ
Genitive	КРАСИВОГО	СИНЕГО
Dative	КРАСИВОМУ	СИНЕМУ
Accusative*	КРАСИВОГО/ЫЙ	СИНИЙ
Instrumental	КРАСИВЫМ	СИНИМ
Prepositional	О КРАСИВОМ	О СИНЕМ

Feminine:

Nominative	КРАСИВАЯ	СИНЯЯ
Genitive	КРАСИВОЙ	СИНЕЙ
Dative	КРАСИВОЙ	СИНЕЙ
Accusative	КРАСИВУЮ	СИНЮЮ
Instrumental	КРАСИВОЙ	СИНЕЙ
Prepositional	О КРАСИВОЙ	О СИНЕЙ

Neuter:

Nominative	КРАСИВОЕ	СИНЕЕ
Genitive	КРАСИВОГО	СИНЕГО

Dative	КРАСИВОМУ	СИНЕМУ
Accusative	КРАСИВОГО	СИНЕЕ
Instrumental	КРАСИВЫМ	СИНИМ
Prepositional	О КРАСИВОМ	О СИНЕМ

Plural:

Nominative	КРАСИВЫЕ	СИНИЕ
Genitive	КРАСИВЫХ	СИНИХ
Dative	КРАСИВЫМ	СИНИМ
Accusative*	КРАСИВЫХ/ЫЕ	СИНИХ
Instrumental	КРАСИВЫМИ	СИНИМИ
Prepositional	О КРАСИВЫХ	О СИНИХ

*- if a masculine or plural adjective describes an **animated** object – accusative case will match with genitive, if it describes and **inanimate** object – it will match with the nominative case.

Examples

В моем компьютере много интересных игр — There are many interesting games on my computer (интересных игр — genitive)

Наш друг фотографирует хорошим фотоаппаратом — Our friend takes pictures with a good camera (хорошим фотоаппаратом — instrumental)

Мы едем на быстрой машине — We are going in a fast car (быстрой машине — prepositional)

Я слышу красивую музыку — I hear beautiful music (красивую музыку — accusative)

Ид**и** к большому памятнику — Go towards the big monument (большому памятнику — dative)

Ч**и**стая к**о**мната — Clean room (nominative)

На мо**е**й п**о**лке мн**о**го интер**е**сных книг — There are many interesting books on my bookshelf (интер**е**сных книг — genitive)

Я встреч**а**л мн**о**го действ**и**тельно см**е**лых люд**е**й – I met many really brave people

Вад**и**м ход**и**л в бар п**о**сле д**о**лгого раб**о**чего дня – Vadim went to a bar after long workday

Т**а**ня случ**а**йно урон**и**ла хр**у**пкую ч**а**шку – Tanya accidentally dropped a fragile cup

У нас для вас есть мн**о**го прост**ы**х и сл**о**жных зад**а**ний – We have many easy and difficult tasks for you

Мо**я** подр**у**га коллекцион**и**рует р**а**зные необ**ы**чные в**е**щи – My friend collects many unusual things

Чт**о**бы ум**е**ньшить стресс, н**у**жно ум**е**ньшить кол**и**чество раздраж**а**ющих ф**а**кторов – In order to reduce stress, one must reduce amount of annoying factors

Ив**а**н раб**о**тает с серьёзными кли**е**нтами – Ivan works with serious clients

П**о**сле д**о**лгого пад**е**ния, цена на **а**кции комп**а**нии нач**а**ла раст**и** – After a long fall, the price for company's shares began to grow

Exercises

Decline adjectives in appropriate gender and case.

1. Здесь нет _____ работы (ТЯЖЁЛЫЙ – hard) – There is not hard work here

2. Вы отдыхали в _____ странах? (ТЁПЛЫЙ – warm) – Did you vacation in warm countries?

3. Где вы видели этих _____ людей? (МОЛОДОЙ – young) – Where did you see these young people?

4. Мы живём с _____ людьми (ДОБРЫЙ – kind) – We live with kind people

5. Они летели на _____ самолёте (ОГРОМНЫЙ – large) – They flew by a large airplane

6. Мы будем плавать в _____ озере (ГЛУБОКИЙ – deep) – We will swim in a deep lake

7. Окно закрыто из-за _____ солнца (ЯРКИЙ – bright) – The window is closed because of bright sun

8. Мы работаем только с _____ партнерами (НАДЁЖНЫЙ – reliable) – We work only with reliable partners

9. Ты когда-нибудь был в _____ бане? (РУССКИЙ – Russian) – Have you ever been to Russian banya (баня – Russian vapor bath, feminine)

10. Пирог _____ (ВКУСНЫЙ – tasty) – The pie is tasty

Answers

1: тяжёлой(gen.), 2: тёплых(gen.), 3: молодых(gen.), 4: добрыми(inst.), 5: огромном(prep.), 6: глубоком(prep.), 7: яркого(gen.), 8: надёжными(inst.), 9: русской(prep.), 10: вкусный(nom.)

LESSON 9: TO HAVE

There is the verb ИМЕТЬ — to have, one can conjugate it as an usual ver. But instead of this verb, in Russian language one uses the construction:

У + PRONOUN in Genitive case

Take a look, how to say «I have, you have,..and so on».

In present tense:

У МЕН**Я** ЕСТЬ	I have
У ТЕБ**Я** ЕСТЬ	You have
У НЕГ**О** ЕСТЬ	He has
У НЕ**Ё** ЕСТЬ	She has
У НАС ЕСТЬ	We have
У ВАС ЕСТЬ	You have
У НИХ ЕСТЬ	They have

In past tense, we use genders and plural (m-masculine, f-feminine, n-neuter, pl-plural):

У МЕН**Я**		I had
У ТЕБ**Я**	БЫЛ(m)	You had
У НЕГ**О**	БЫЛА(f)	He had
У НЕ**Ё**	БЫЛО(n)	She had
У НАС	БЫЛИ(pl)	We had
У ВАС		You had
У НИХ		They had

More exact examples on how to say "I had":

У МЕНЯ БЫЛ(m) – I had

У МЕНЯ БЫЛА(f) – I had

У МЕНЯ БЫЛО(n) – I had

У МЕНЯ БЫЛИ(pl) - I had

And in the future tense, we use only plural and singular:

У МЕНЯ		I will have
У ТЕБЯ		You will have
У НЕГО	БУДЕТ (singular)	He will have
У НЕЁ		She will have
У НАС	БУДУТ (plural)	We will have
У ВАС		You will have
У НИХ		They will have

As you can see here, endings are the same of singular and plural for all pronouns.

HOW TO CONJUGATE WITH NEGATION?

Present	Past	Future
У МЕНЯ НЕТ	У МЕНЯ НЕ БЫЛ	У МЕНЯ НЕ БУДЕТ
+ a word in gen.	У МЕНЯ НЕ БЫЛА	У МЕНЯ НЕ БУДУТ
case	У МЕНЯ НЕ БЫЛО	+ a word in gen.
	У МЕНЯ НЕ БЫЛИ	case
	+ a word in gen. case	

Also, instead of a pronoun, there can be any word in genitive case, because we also can say for example "My father has", "This woman had", "John will have". In these examples, "my father", "a woman", "John" will be in genitive case:

У <u>МОЕГО ОТЦА</u> ЕСТЬ ФОТОАППАРАТ – My father has a photo camera (мой отец – моего отца)

У <u>**ЭТОЙ ЖЕНЩИНЫ**</u> БЫЛО КРАСИВОЕ ПЛАТЬЕ – This woman had a beautiful dress

У <u>ДЖОНА</u> БУДЕТ МНОГО РАБОТЫ – John will have a lot of work

Examples

У меня есть велосипед, а у тебя будет велосипед? — I have a bicycle and will you have a bicycle?

У него был компьютер, но сейчас у него есть планшет — He had a computer but now he has a tablet.

У неё будут новые ролики завтра — She will have new roller skates tomorrow.

У них было мероприятие вчера, а сегодня у них работа** — They had an event yesterday, and today they are at work (they have work).

У вас будут новые компьютеры в офисе — You will have new computers in the office.

У нас не было уроков сегодня — We didn't have classes today.

У тебя не будет компьютера если ты будешь прогуливать уроки! — You won't have a computer if you skip classes!

У продавца нет сдачи — The seller doesn't have odd money.

У банкомата не было денег — The cash machine didn't have money.

У компьютера не будет новой операционной системы — The computer will not have new operating system.

У кота не будет длинной шерсти — The cat won't have long wool.

Когда у него будет работа? — When does he have work?

Если у меня не будет денег, я буду зарабатывать их — When I don't have money I will earn it (НИХ-Them, деньги — money is plural).

Если я буду идти к друзьям, у меня будет подарок для них — If I go to friends I will have a gift for them.

Если у меня не будет билета в кинотеатр, я не буду смотреть этот фильм — If I don't have ticket to a cinema I won't watch this film.

**- You can see that the word «ЕСТЬ» can be hidden, when the verb ИМЕТЬ (to have) indicates to a condition instead of a thing.

У нас не было достаточно времени вчера — We didn't have enough time yesterday.

У нас не будет новых телеканалов в телевизоре — We will not have new tv-channels in the tv.

У Ивана было много вещей в доме — Ivan had many things at home.

У преподавателя в университете будет много студентов — The professor in the university will have a lot of students.

У наших родителей есть дача — Our parents have a country house.

У бабушки всегда есть что-нибудь для меня — The grandma always has something for me.

Я слышал, что у студентов не будет новых учебников — I heard that the students won't have new textbooks.

У моих друзей есть, о чем рассказывать — My friends has what to tell about

У моего учителя были отличные знания о предмете — My teacher had excellent knowledges about the subject.

У водителя автобуса нет билетов — The bus driver doesn't have tickets.

Something, nobody, everywhere etc.

In this part of the lesson we will consider how to say:

Something, nothing, everything;

Somebody/someone, nobody/no one, everybody/everyone;

Somewhere, nowhere, everywhere.

Notice, that there is no difference between *someone* and *somebody* in Russian language.

First of all, let's decline the pronouns «КТО» (who) and «ЧТО» (what), ВСЁ (everything), ВСЕ (all, everybody) by cases, we will need it:

КТО nominative	ЧТО	ВСЕ	ВСЁ
КОГО genitive	ЧЕГО	ВСЕХ	ВСЕГО
КОМУ dative	ЧЕМУ	ВСЕМ	ВСЕМУ
КОГО accusative	ЧТО	ВСЕХ	ВСЁ
КЕМ instrumental	ЧЕМ	ВСЕМИ	ВСЕМ
О КОМ prepositional	О ЧЁМ	О ВСЕХ	О ВСЁМ

Notice, that the word ГДЕ(where) and КОГДА(when) are not declined by case.

The words "somebody, something, somewhere, sometime" require individual consideration, because There are "degrees of exactness" for these pronouns. It is not difficult but can be complicated in the beginning:

First of all, let's consider how to say "somewhere, somebody, somewhere, sometime" and then consider what these [-НИБУДЬ], [-ТО], [КОЕ-], [-ЛИБО], [-УГОДНО] mean.

Object: ЧТО-НИБУДЬ, ЧТО-ТО, КОЕ-ЧТО, ЧТО-ЛИБО, ЧТО-УГОДНО — something/anything

Person: КТО-НИБУДЬ, КТО-ТО, КОЕ-КТО, КТО-ЛИБО, КТО-УГОДНО — somebody/anybody

Place: ГДЕ-НИБУДЬ, ГДЕ-ТО, КОЕ-ГДЕ, ГДЕ-ЛИБО, ГДЕ-УГОДНО — somewhere/anywhere

Time: КОГДА-НИБУДЬ, КОГДА-ТО, КОГДА-ЛИБО, КОГДА-УГОДНО – sometime/anytime (кое- with isn't used)

Here is what these *–нибудь, -то, кое-, -либо, -угодно* mean:

-НИБУДЬ – exact object/place/person/time doesn't matter

-ТО – completely unknown object/place/person/time

КОЕ- – certain unnamed object/place/person/time

-ЛИБО – any of an object/place/person/time

-УГОДНО – any object/place/person/time

Also, one can use КУДА (whereto) and ОТКУДА (where from) with all of these prefixes. КУДА-НИБУДЬ, ОТКУДА-ЛИБО and so on.

Examples

Когда-то здесь был древний город – once(sometime) there was an ancient city here. (The time is completely unknown)

Кто-либо может мне помочь с чем-либо? – Can anyone (of you) help me with anything(any of these tasks?)

Они готовы работать где-угодно – they are willing to work anywhere(in any place).

Кое-кто говорил мне о кое-чем – someone told me something (the person and object are unnamed but certain)

Here is how to say **"nothing, nobody etc."**:

НИЧТО - nothing
НИКТО – nobody
НИГДЕ - nowhere
НИКОГДА - never

Notice, that КТО and ЧТО are also declined by cases here (e.g. НИЧЕГО, НИКОГО etc.), look at the table in the beginning of the lesson.

And here is how to say **"everything, everybody etc."**:
ВСЁ — everything;
ВСЕ — everybody;
ВЕЗДЕ — everywhere;
ВСЕГДА — always.

Всё and Все are conjugated by cases, look at the table in the beginning of the lesson.

Examples

Она хочет купить что-нибудь — She wants to buy something

Я хочу ехать куда-либо — I want to go somewhere

Мы где-то близко — We are somewhere close

Они не могут ни о чём говорить — They can't talk about anything;

Они могут спать на чём-угодно — They can sleep on anything;

Вы можете чем-то помогать? — Can you help by something?

Ты едешь куда-то? — Do you go to somewhere?

У вас есть что-нибудь для дома? — Do you have something for home?

КОГДА-НИБУДЬ У НАС БУДЕТ СВОЙ ДОМ — Someday, we will have our own house // Someday we will own a house

Она никогда не забывала нашу поездку — She never forgot our trip

У нас есть всё для того, чтобы быть успешными — We have everything to be successful

Они любят всех, кто им помогает — They love everyone, who helps them

Exercises

Use the construction "to have"

1. _____ ручка? – Do you(Ты) have a pen?

2. _____ достаточно знаний на экзамене? – Did you(Вы) have enough knowledge at the exam?

3. Когда _____ загородный дом? – When they will have a country house?

4. Почему_____ документов? – Why you(Вы) don't have documents?

5. _____ высшее образование? – Does your brother (ТВОЙ БРАТ) have a higher education?

6. _____ микрофон? – Does this photo camera (ЭТОТ ФОТОАППАРАТ) have a microphone?

7. _____ хорошая работа – Our father (НАШ ОТЕЦ) had a good job

8. Когда _____ каникулы? – When will we have vacations?

9. _____ деньги завтра? – Will you(Ты) have money tomorrow?

10. _____желание действовать вчера? – Did they have a desire to act yesterday?

11. Думаю, что _____ ничего, что Вы хотите – I think that I don't have anything that you want

Answers

1: у тебя есть, 2: у вас было, 3: у них будет, 4: у вас нет
5: у твоего брата есть, 6: у этого фотоаппарата есть, 7: у нашего отца была, 8: у нас будут, 9: у тебя будут, 10: у них было, 11: у меня нет

LESSON 10: REFLEXIVE VERBS

Reflexive verbs indicate that someone or something is performing an action on or for itself. Or, another explanation: **the subject and receiver of the action are the same.** In English this type of verbs is not common, but widely used in Russian. If you know a bit about the Spanish language — this is equal construction for Spanish reflexive verbs with postfix -SE. There are some verbs that have only reflexive construction, we will consider them in final part of this lesson. Sometimes these verbs have different translations in reflexive and non-reflexive forms.

First of all, let's consider the conjugation of reflexive verbs, all you need to do is to add a postfix [-СЯ] or [-СЬ] for appropriate tenses and pronouns.

УЧИТЬ<u>СЯ</u> – to study

Present tense	Past tense	Future tense
Я УЧУСЬ	Я УЧИЛСЯ	Я БУДУ УЧИТЬСЯ
	Я УЧИЛАСЬ	
ТЫ УЧИШЬСЯ	ТЫ УЧИЛСЯ	ТЫ БУДЕШЬ
	ТЫ УЧИЛАСЬ	УЧИТЬСЯ
ОН УЧИТСЯ	ОН УЧИЛСЯ	ОН БУДЕТ
		УЧИТЬСЯ
ОНА УЧИТСЯ	ОНА УЧИЛАСЬ	ОНА БУДЕТ
		УЧИТЬСЯ
МЫ УЧИМСЯ	МЫ УЧИЛИСЬ	МЫ БУДЕМ
		УЧИТЬСЯ
ОНИ УЧАТСЯ	ОНИ УЧИЛИСЬ	ОНИ БУДУТ
		УЧИТЬСЯ

As you can see, first of all we add usual endings of usual verbs and then we add postfixes -СЯ and -СЬ after the ending. But, actually, when we have to use reflexive verbs, and what they really mean? There are some variants of using it:

1. To do something with oneself:

ОДЕВАТЬСЯ	To dress oneself
ВЕСЕЛИТЬСЯ	To enjoy oneself
ПРЕДСТАВЛЯТЬСЯ	To introduce oneself
ЗАЩИЩАТЬСЯ	To defend oneself
УДАРИТЬСЯ	To hurt oneself
МЫТЬСЯ	To wash oneself

2. Verbs with own translation:

УЧИТЬСЯ	To study
СМЕЯТЬСЯ	to laugh
БРИТЬСЯ	to shave
МЫТЬСЯ	to wash
ПРЯТАТЬСЯ	to hide
УБИРАТЬСЯ	to tidy up
ВОЛНОВАТЬСЯ	to worry
ПИСАТЬСЯ	to be written
ПРОСЫПАТЬСЯ	to wake up

and others.

3. An action is being done.

ЭТО ПРОДОЛЖАЕТСЯ   It is being continued

ДОМ СТРОИТСЯ   The house is being built

4. The action is performed not by speaker.

НАЖИМАТЬСЯ   to be pressed

ВКЛЮЧАТЬСЯ   to be turned on

ОЦЕНИВАТЬСЯ   to be estimated

(this is not very literal translation)

5. Reflexive action, the complicated verb НРАВИТЬСЯ:

Pronoun (dative case)	Present	Past	Future
МНЕ TEБE EMУ ЕЙ НАМ ВАМ ИМ	НРАВИТСЯ	НРАВИЛСЯ(m) НРАВИЛАСЬ(f) НРАВИЛОСЬ(n) НРАВИЛИСЬ(pl)	БУДЕТ НРАВИТЬСЯ БУДУТ НРАВИТЬСЯ(pl)

Я НРАВЛЮСЬ	one likes me
ТЫ НРАВИШЬСЯ	one likes you
ОН НРАВИТСЯ	one likes him
ОНА НРАВИТСЯ	one likes her
МЫ НРАВИМСЯ	one likes us
ВЫ НРАВИТЕСЬ	one likes you
ОНИ НРАВЯТСЯ	one likes them

Examples

Мне нравится самолёт — I like the airplane

Я ей нравлюсь — She likes me

Вы нам нравитесь — We like you

Дом до сих пор строится, и мне это не нравится —The house is still being built and I don't like it

Мне кажется, что это мне не нравится — I seem (that) I don't like it

Он смеётся всегда, когда им нравится то, что ему не нравится — He always laughs when they like that he doesn't like

Это слово читается не так, как пишется — This word is read not so as this is read

Она убирается в комнате — She tidies up the room

Светофор включается, когда нажимается кнопка — Traffic light is turned on when the button is pressed

Числовой ряд сходится, когда выполняется необходимое условие — The numerical row meets when the necessary condition is satisfied

Он бреется каждое утро, пока я просыпаюсь — He shaves every morning while I wake up.

Мне нравится просыпаться поздно — I like to wake up late.

Моей подруге нравится веселиться — My friend likes to have fun

Мой велосипед чинится в мастерской — My bicycle is being repaired in a workshop

Он не волнуется о учёбе — He doesn't worry about the studies

Математика изучается в школе с первого класса — Math is studied in school from first grade

Бумага печатается в принтере — The paper is being printed by the printer

Эта книга читается просто — This book is read easily/The book is easy to read

Эта цифра вычитается из этого числа — This digit is deducted from this number

Когда мы были вместе, мы не волновались — When we were together, we didn't worry

Exercises

Use appropriate conjugation of a reflexive verb

1. Я _____ на велосипеде (КАТАТЬСЯ – to ride) – I ride bicycle

2. Спектакль в театре _____ два часа (ДЛИТЬСЯ – to last) – Spectacle in the theatre lasted two hours

3. Утром он _____ быстро (ОДЕВАТЬСЯ – to dress oneself/to get dressed) – At morning he gets dressed quickly

4. Священник _____ в храме (МОЛИТЬСЯ – to pray) – A priest prayed in the church

5. Как это _____ на Испанском языке? (ГОВОРИТЬСЯ – to be said) – How it is said in Spanish language?

6. Что _____ на этом заводе (ПРОИЗВОДИТЬСЯ – to be produced) – What was produced in this factory?

7. Как это _____ (ПИСАТЬСЯ – to be written) – How is it written?

8. Игра _____ (ПРОДОЛЖАТЬСЯ – to be continued) – The game is being continued

9. Когда _____ уроки в школе? (НАЧИНАТЬСЯ – to begin) – When the classes in the school begin?

10. Погода _____ каждый день (МЕНЯТЬСЯ – to be changed) – The weather is being changed every day

Answers

1: катаюсь, 2: длился, 3: одевается, 4: молился, 5: говорится, 6: производилось, 7: пишется, 8: продолжается, 9: начинаются, 10: меняется.

LESSON 11: TO NEED

There is not a direct verb "to need" in Russian, but instead, there is construction: "(pronoun) + НУЖНЫЙ". In order to understand this lesson better, you can jump at the lesson 20 – short adjectives, because the words НУЖЕН/НУЖНА/НУЖНО/НУЖНЫ are actually short forms of НУЖНЫЙ. But also you can just memorize the conjugation of this construction.

First of all, let's consider how to say "I am needed", "you are needed" and so on, in all tenses:

Present Tense

Я НУЖЕН(m)	I am needed
Я НУЖНА(f)	
ТЫ НУЖЕН(m)	You are needed
ТЫ НУЖНА(f)	
ОН НУЖЕН(m)	He is needed
ОНА НУЖНА(f)	She is needed
МЫ НУЖНЫ(pl)	We are needed
ВЫ НУЖНЫ(pl)	You are needed
ОНИ НУЖНЫ(pl)	They are needed
ОНО НУЖНО(n)	It is needed

Past Tense	Future Tense
Я БЫЛ НУЖЕН(m)	Я БУДУ НУЖЕН(m)
Я БЫЛА НУЖНА(f)	Я БУДУ НУЖНА(f)
ТЫ БЫЛ НУЖЕН(m)	ТЫ БУДЕШЬ НУЖЕН(m)
ТЫ БЫЛА НУЖНА(f)	ТЫ БУДЕШЬ НУЖНА(f)
ОН БЫЛ НУЖЕН(m)	ОН БУДЕТ НУЖЕН(m)
ОНА БЫЛА НУЖНА(f)	ОНА БУДЕТ НУЖНА(m)
МЫ БЫЛИ НУЖНЫ(pl)	МЫ БУДЕМ НУЖНЫ(m)
ВЫ БЫЛИ НУЖНЫ(pl)	ВЫ БУДЕТЕ НУЖНЫ(m)
ОНИ БЫЛИ НУЖНЫ(pl)	ОНИ БУДУТ НУЖНЫ(m)
ОНО БЫЛО НУЖНО(n)	ОНО БУДЕТ НУЖНО(m)

And now, let's consider how to say "I need, you need" etc.
Here we have to use the pronouns in dative case:

МНЕ		I need
ТЕБЕ		You need
ЕМУ	НУЖНО(n)	He needs
ЕЙ	НУЖЕН(m)	She needs
НАМ	НУЖНА(f)	We need
ВАМ	НУЖНЫ(pl)	You need
ИМ		They need

Also, if you say that you need to do something (with any verb), i.e. to use this construction with a verb — you have to use the form of neuter gender i.e. НУЖНО. Example — МНЕ НУЖНО ДЕЛАТЬ (I need to do).

Also, memorize these two passive constructions:

НУЖНО — One must

МОЖНО — One can

Examples

Мне нужно делать что-нибудь — I need to do something

Ей нужно ждать поезд — She needs to wait for a train

Ей был нужен билет на поезд — She needed a train ticket

Ему нужна гитара — He needs a guitar

Им нужно много игрушек — They need many toys

Нам нужно много бумаги — We need many paper

Можно работать с гибким графиком — One can work with flexible schedule

Нужно купить хлеб — One must buy a bread

Мне нужно было учить это — I needed to learn it

Моему сыну будет нужно учиться водить машину — My son will need to study to drive a car

Им нужна была проверка — They needed a checkup

Мне она нужна — I need her (literally – she is needed by me)

Я ей нужен — She needs me (literally – I am needed by her)

Они вам больше не будут нужны? — You will not need them anymore? (literally – they are not needed by you anymore?)

Exercises

Use appropriate form of НУЖНО

1. _____ ваши советы! – I don't need your advices!

2. _____ их помощь – We needed their help

3. _____ посетить стоматолога – Andrey (АНДРЕЙ) will need to visit a dentist

4. _____ телевизор с большим экраном – I needed a TV with a big screen

5. Сколько килограммов яблок_____? – How many kilograms of apples do you(Вы) need?

6. Зачем _____ такой дорогой планшет? – Why do you(Ты) need a such expensive laptop?

7. Что _____ купить? – What will we need to buy?

8. Моему _____ специальный корм – My cat (КОТ) needs a special feed

9. _____ дополнительные услуги? – Will you(Вы) need additional services?

10. Зачем _____ принимать таблетки? – Why did you(Ты) need to take pills?

11. Что _____ здесь? – What did they need here?

Answers

1: мне не нужны, 2: нам была нужна, 3: Андрею нужно, 4: мне был нужен, 5: вам нужно, 6: тебе нужен, 7: нам будет нужно, 8: коту нужен, 9: вам будут нужны, 10: тебе было нужно, 11: им было нужно

LESSON 12: MUST/TO HAVE TO

There is not difference between English words «Must», «To have to» and «To get to» in Russian language. And there is not a single verb "must" , instead of that, there is the construction «БЫТЬ ДОЛЖНЫМ», where БЫТЬ is "to be", and ДОЛЖНЫМ is the adjective ДОЛЖНЫЙ in instrumental case. In order to understand this letter better, you can jump to the lesson 20 – short adjectives, because the words ДОЛЖЕН/ДОЛЖНА/ДОЛЖНО/ДОЛЖНЫ are actually short forms of ДОЛЖНЫЙ. However you can just memorize the conjugation of this construction even without learning about short adjectives now. The table below shows the conjugation of БЫТЬ ДОЛЖНЫМ in all three tenses:

Remember, that БЫТЬ in present tense is not used!

Present tense

Я ДОЛЖЕН Я ДОЛЖНА	I have to(I must)
ТЫ ДОЛЖЕН ТЫ ДОЛЖНА	You have to
ОН ДОЛЖЕН	He has to
ОНА ДОЛЖНА	She has to
МЫ ДОЛЖНЫ	We have to
ВЫ ДОЛЖНЫ	You have to
ОНИ ДОЛЖНЫ	They have to
ОНО ДОЛЖНО	It has to

Past tense*	Future tense*
Я ДОЛЖЕН БЫЛ	Я ДОЛЖЕН БУДУ
Я ДОЛЖНА БЫЛА	Я ДОЛЖНА БУДУ
ТЫ ДОЛЖЕН БЫЛ	ТЫ ДОЛЖЕН БУДЕШЬ
ТЫ ДОЛЖНА БЫЛА	ТЫ ДОЛЖНА БУДЕШЬ
ОН ДОЛЖЕН БЫЛ	ОН ДОЛЖЕН БУДЕТ
ОНА ДОЛЖНА БЫЛА	ОНА ДОЛЖНА БУДЕТ
МЫ ДОЛЖНЫ БЫЛИ	МЫ ДОЛЖНЫ БУДЕМ
ВЫ ДОЛЖНЫ БЫЛИ	ВЫ ДОЛЖНЫ БУДЕТЕ
ОНИ ДОЛЖНЫ БЫЛИ	ОНИ ДОЛЖНЫ БУДУТ
ОНО ДОЛЖНО БЫЛО	ОНО ДОЛЖНО БУДЕТ

 * — It is not important whether to put the verb БЫТЬ after or before ДОЛЖЕН. For example you can say «Я БЫЛ ДОЛЖЕН» or «Я ДОЛЖЕН БЫЛ», «ОНИ БЫЛИ ДОЛЖНЫ» «ОНИ ДОЛЖНЫ БЫЛИ» - any order is allowed, and it has the same meaning.

Examples

Я должен просыпаться рано — I have to wake up early

Он должен купить еду — I have to buy a food

Завтра дети должны будут идти в школу — Children will not have to go to school tomorrow

Мы должны уважать друг друга — We have to respect each other (друг друга — each other)

Это должно быть здесь — It must be here

Этот дом не должен строиться там — This house must not be built there

Торговый автомат должен давать сдачу — A vending machine has to give odd money

Гараж должен вмещать две машины — A garage must contain two cars

Снег должен будет падать скоро — Snow will have to fall soon

Пассажиры должны будут быть здесь скоро — Passengers will have to be here soon

Школа должна помогать детям учиться — The school has to help children to study

Сколько я вам должен? — How much do I owe you? ("To owe" is just another translation of БЫТЬ ДОЛЖНЫМ!)

Мы не должны отвечать на провокации — We must not respond to provocations

Вчера он должен был делать уроки, но он не делал их, поэтому он будет должен делать их сегодня опять — He had to do homework yesterday but he didn't do it, therefore he will have to do it today again

Мои родители должны будут быть на церемонии — My parents will have to be in the ceremony

Священник сегодня должен быть на службе в церкви — A priest has to be in the service in the church

Паровоз должен был быть на железнодорожной станции — The steam engine had to be in the railway station

Exercises

Use appropriate form of ДОЛЖЕН

1. Ты _____ уходить так рано – You didn't have to leave so early

2. Кто-нибудь _____ идти к директору – Someone will have to go to director

3. Все _____ платить налоги – Everybody have to pay taxes

4. Мы всегда _____ искать правду – We always have to look for the truth

5. Я _____ много учиться на этой неделе – I have to study a lot in this week

6. Мой помощник _____ разобраться с документами – My helper had to sort out the documents

7. Здесь _____ быть новый торговый центр – There will must be the new trade center here

8. Новое оборудование _____ работать быстрее – New equipment must work faster

9. Туристы _____ посетить Кремль – The tourists had to visit the Kremlin

10. Изучение иностранных языков _____ занимать много времени – Learning of foreign languages must not take a lot of time

Answers

1: не должен, 2: будет должен, 3: должны, 4: должны, 5: должен, 6: должен был, 7: будет должен, 8: должно, 9: должны были, 10: не должно.

LESSON 13: IMPERATIVE MOOD AND "БЫ"(CONDITIONAL MOOD)

The imperative mood is a verb form which makes a command or a request. With help of imperative mood one can point out to do something to a person (or to a wall, it happens sometimes *giggling*). There are 3 commands imperative mood: commands to pronouns ТЫ, ВЫ, МЫ. Formal (polite) form uses the command Вы.

Examples of conjugation in imperative mood for verbs of the 1ˢᵗ conjugation (endings -АТЬ, -ЕТЬ, -ОТЬ, -УТЬ and others) and verbs with endings –ОВАТЬ with commands ТЫ and ВЫ (command МЫ will be considered a bit later):

Verb	Command ТЫ	Command ВЫ
ДЕЛАТЬ - to do	ДЕЛАЙ - do!	ДЕЛАЙТЕ - do!
ИГРАТЬ	ИГРАЙ	ИГРАЙТЕ
ПУТЕШЕСТВОВАТЬ	ПУТЕШЕСТВУЙ	ПУТЕШЕСТВУЙТЕ
СОБИРАТЬ	СОБИРАЙ	СОБИРАЙТЕ
СОЗДАВАТЬ	СОЗДАВАЙ	СОЗДАВАЙТЕ
БЕГАТЬ	БЕГАЙ	БЕГАЙТЕ
ДЕЙСТВОВАТЬ	ДЕЙСТВУЙ	ДЕЙСТВУЙТЕ
ЧИТАТЬ	ЧИТАЙ	ЧИТАЙТЕ
ДАВАТЬ	ДАВАЙ	ДАВАЙТЕ

And verbs of 2nd conjugation (with ending -ИТЬ), including exceptions (marked with *) and also the verbs **ИДТИ** — to go and ЕСТЬ — to eat:

ГОВОРИТЬ	ГОВОРИ	ГОВОРИТЕ
УЧИТЬ	УЧИ	УЧИТЕ
ХОДИТЬ	ХОДИ	ХОДИТЕ
СМОТРЕТЬ*	СМОТРИ	СМОТРИТЕ
ПИСАТЬ*	ПИШИ	ПИШИТЕ
ДЫШАТЬ*	ДЫШИ	ДЫШИТЕ
СПАТЬ*	СПИ	СПИТЕ
ИДТИ	ИДИ	ИДИТЕ
ЕСТЬ	ЕШЬ	**ЕШ**ЬТЕ

And reflexive verbs:

СОБИРАТЬСЯ	СОБИРАЙСЯ	СОБИРАЙТЕСЬ
УЧИТЬСЯ	УЧИСЬ	УЧИТЕСЬ
ОДЕВАТЬСЯ	ОДЕВАЙСЯ	ОДЕВАЙТЕСЬ
ВЕСЕЛИТЬСЯ	ВЕСЕЛИСЬ	ВЕСЕЛИТЕСЬ

As you can see — we add -СЯ for singular and -СЬ for plural in verbs of 1st conjugation and we add -СЬ for singular and plural both for verbs of 2nd conjugation.

And for command МЫ we have to use the word ДАВАЙТЕ that means "let's" in this case, with infinitive form:

ДАВАЙТЕ ИГРАТЬ – let's play

ДАВАЙТЕ СТРОИТЬ – let's build

ДАВАЙТЕ ДЕЙСТВОВАТЬ – let's act

ДАВАЙТЕ УЧИТЬСЯ – let's study

Also, memorize these three idioms:

ПОЙДЁМ, ПОЙДЁМТЕ, ИДЁМ, ПОШЛИ – all of these idioms mean "let's go", they are equal.

And ПОЕХАЛИ means "let's go" by transport (from the verb "ехать").

Particle БЫ (Conditional mood)

Second part or this lesson is the particle «БЫ». БЫ equals to «would» in English language. A verb after БЫ must **always** be in past tense. For example: Я БЫ ДЕЛАЛ — I would do, Я БЫ ИГРАЛ — I would play, without exceptions. This subject is known as conditional mood.

Also, «I would like» is translated as Я БЫ ХОТЕЛ (this is an idiom)

Examples

Я бы ждал её весь день — I would be waiting for her for the whole day

Он бы делал домашнюю работу сегодня — He would do homework today

Я бы хотел что-нибудь делать сейчас — I would like to do something now

Пиши письмо! — Write the letter!

Путешествуйте дёшево! — Travel cheap!

Спите спокойно! — Sleep calm!

Одевайтесь красиво и не забывайте про холод! — Dress pretty and don't forget about cold!

Поехали в город — Let's go to the city

Действуйте аккуратно! — Act accurately!

Я бы учился в колледже — I would study in a college

Смотрите туда! — Look over there!

Не рассказывайте это никому! — Don't tell it to anybody!

Давайте говорить меньше и больше делать — Let's talk less and do more

Если бы ты не забывал что я говорил тебе, ты бы не спрашивал это сейчас — If you didn't forget what I told you, you would not ask it now

Пожалуйста, не мешай мне — Please, don't disturb me

Было бы хорошо, если бы вы нам помогли – It would be good if you helped us

Давайте завершим все дела сегодня, чтобы завтра отдыхать – Let's finish all the business today in order to relax tomorrow

Кто бы хотел присоединиться к нашей команде? – Who would like to join our team?

Exercises

Conjugate verbs in imperative mood

1. _____ тише, пожалуйста (ГОВОРИТЬ – to talk, command ВЫ) – talk more quiet, please

2. _____ им это! (ПОКАЗЫВАТЬ – to show, command ТЫ) – <u>Don't</u> show it to them!

3. _____ сюда, мы вас ждём (ПРИХОДИТЬ– to come, command ВЫ) – Come here, we are waiting for you

4. _____ в нашем магазине, наши цены самые низкие! (ПОКУПАТЬ – to buy, command ВЫ) – Buy in our store, our prices are the lowest!

5. _____ хорошо, чтобы получить образование (УЧИТЬСЯ – to study, command ТЫ) – Study good in order to obtain education

6. _____ в службу поддержки (ЗВОНИТЬ – to call, command МЫ) – Let's not call the support service

Use conditional mood

7. Я _____ здесь (ЖДАТЬ – to wait) – I would wait here

8. Когда ты _____ помочь мне? (МОЧЬ – can/ to be able) – When would you be able to help me?

9. Кто _____ как это делается! (ЗНАТЬ – to know) – Who would know how it is done!

Answers

1: говорите, 2: не показывай, 3: приходите, 4: покупайте, 5: учись, 6: давайте не будем звонить, 7: бы ждал, 8: бы мог, 9: бы знал.

LESSON 14: THERE IS/THERE ARE AND SIMPLE DIALOGUES

In Russian language one can say «there is/there are», «there was/ there were» and «there will be». There is not anything difficult here, just look at the table below.

There is/are	ЕСТЬ
There was	БЫЛ(masculine) БЫЛА(feminine)
There were	БЫЛИ
There will be	БУДЕТ(singular) БУДУТ(plural)

Examples

В городе есть метро — There is a metro in the city.

В доме был почтовый ящик — There was a post box in the house

Здесь была автобусная остановка — There was a bus stop here

В парке были скамейки — There were benches in the park

В деревне будет новая школа — There will be a new school in the village

В театре будут новые спектакли — There will be new performances in the theatre

Здесь кто-нибудь есть? – Is there anybody here?

PASSIVE VOICE AND SOME IDIOMS

Passive voice is formed only by a verb conjugated with the pronoun ОНИ:

ГОВОР**Я**Т – one says
Д**Е**ЛАЮТ – one does/one makes
ХОТ**Я**Т – one wants

Constructions "one can" and "one must":

М**О**ЖНО – one can

Н**У**ЖНО – one must

Examples

Нас д**о**лго ждут – one waits for us for long time

Говор**я**т, что это д**е**лают так – one says that one does it is so

Суп гот**о**вят в больш**о**й кастр**ю**ле – one makes a soup in a big pot

М**о**жно пить м**е**ньше – one can drink less

Н**у**жно звон**и**ть р**а**ньше – one must call earlier

Weather idioms:

It is raining — ИД**Ё**Т Д**О**ЖДЬ (idiom)
It is snowing — ИД**Ё**Т СНЕГ (idiom)
It is sunny — С**О**ЛНЕЧНО
It is cold — Х**О**ЛОДНО
It is dark — ТЕМН**О**
It is lightly — СВЕТЛ**О**

Idioms of passive voice:

One hears — СЛЫШНО (idiom)

One doesn't hear — НЕ СЛЫШНО (idiom)

One can see — ВИДНО (idiom)

One can't see — НЕ ВИДНО (idiom)

After these idioms next word is always in accusative case.

As you can see, in case you want to describe an environmental condition — you just have to use «to be» — БЫТЬ depending on a tense (or ИДТИ for "идёт дождь, идёт снег):

ШЁЛ ДОЖДЬ — It was raining

БЫЛО СНЕЖНО/ШЁЛ СНЕГ — It was snowing

БУДЕТ ХОЛОДНО- it will be cold

БУДЕТ СВЕТЛО — it will be lightly

БЫЛО ОБЛАЧНО – it was cloudy

And now let's start to practice with dialogues!

Try to read and translate these dialogues:

1.

— Здраствуйте, что Вы хотите?

— Здраствуйте, сколько стоит этот хлеб?

— Двадцать пять рублей.

— Спасибо, дайте пожалуйста его и три литра молока.

Translation is in the end of the lesson.

2.

— Привет, как дела?

— Хорошо, а у тебя?

— Ты будешь пить чай?

— С печеньем?

— Да, конечно.

— Буду, спасибо.

Translation is in the end of the lesson.

3.

— Извините, где находится станция метро?

— Идите налево и через два поворота поворачивайте направо.

— Спасибо, а как туда ехать на автобусе?

— Садитесь на автобус номер тридцать пять и следуйте до остановки с таким же названием, как название станции метро.

Translation is in the end of the lesson.

Memorize these phrases and words:

Дайте пожалуйста	Give me please
Сколько стоит ... ?	how much is ... ?
Рубль	Rouble (Russian currency)
Конечно	of course
Туда	There(direction)
Там	There(place)

Translations of the dialogues:

1. — Hello, what do you want?
— Hello, how much is the bread?
— 25 roubles
— Thanks, give me it please and 3 liters of milk.

2. — Hello, how are you?
— I am fine, and you?
— Will you drink tee?
— With cookies?
— Yes, of course.
— Yes I will, thank you.

3. -Excuse me, where is the metro station?
— Go left and via 2 turns turn right.
— Thank you, and how to get there by bus?
— Take a bus number 35 and follow up to the bus stop that has same name as metro station has
— Yes of course.
— I will, thanks.

Exercises

There is/are/were/will be

1. В нашем городе _____ известная картинная галерея – There is a famous picture gallery in our city

2. Много лет назад здесь на этом месте _____ деревня – There was a village in this place many years ago

3. Когда в нашей квартире _____ рояль? – When there will be a grand piano in our flat?

4. В крупной компании _____ две тысячи сотрудников – There were two thousand employees in the big company

5. Давным-давно в интернете _____ социальных сетей – Once upon a time there were not social network in the internet

6. Почему здесь _____ автобусной остановки? – Why there is not a bus stop here?

Passive voice

7. _____, что можно знать даже тридцать иностранных языков (ГОВОРИТЬ – to say) – One says that it is possible to know even thirty foreign languages

8. Обычно это _____ так (ДЕЛАТЬ – to do) – Usually one does it so

9. Эту стену _____ двести лет назад (СТРОИТЬ – to build) – One built this wall two hundred years ago

Answers

1: есть, 2: была, 3: будет, 4: было, 5: не было, 6: нет, 7: говорят, 8: делают, 9: строили.

LESSON 15: DEGREES OF COMPARISON

At the final lesson of the Level 1, we will consider degrees of comparison in Russian language. How to say the words «better, worse, more attractive, younger, the most beautiful, the oldest? " in Russian language? Let's consider it!

КРАСИВЫЙ(m) Beautiful	КРАСИВЕЕ More beautiful	САМЫЙ КРАСИВЫЙ The most beautiful
КРАСИВАЯ(f)	КРАСИВЕЕ	САМАЯ КРАСИВАЯ
КРАСИВОЕ(n)	КРАСИВЕЕ	САМОЕ КРАСИВОЕ
КРАСИВЫЕ(pl)	КРАСИВЕЕ	САМЫЕ КРАСИВЫЕ
ЗЕЛЁНЫЙ	ЗЕЛЕНЕЕ	САМЫЙ ЗЕЛЁНЫЙ
ГРОМКИЙ	ГРОМЧЕ	САМЫЙ ГРОМКИЙ
ТИХИЙ	ТИШЕ	САМЫЙ ТИХИЙ
СВЕТЛЫЙ	СВЕТЛЕЕ	САМЫЙ СВЕТЛЫЙ
ТЁМНЫЙ	ТЕМНЕЕ	САМЫЙ ТЁМНЫЙ
ДЕШЁВЫЙ	ДЕШЕВЛЕ	САМЫЙ ДЕШЁВЫЙ

As you have probably noticed, there is alternation of consonant sounds in some words like Тихий — Тише, Громкий — громче, Крепкий – крепче, Легкий – легче, Тонкий – Тоньше, Высокий – выше, Долгий – дольше, Низкий – ниже, Мягкий – мягче, Дорогой – дороже. And exceptions: Дешёвый – Дешевле, Маленький – меньше. These words should be memorized as exceptions.

Also you can say so, it has the same meaning:

| КРАСИВЫЙ | БОЛЕЕ КРАСИВЫЙ | САМЫЙ КРАСИВЫЙ |
| СИНИЙ | БОЛЕЕ СИНИЙ | САМЫЙ СИНИЙ |

БОЛЕЕ — more, САМЫЙ — the most Also, the words «good» and «bad» have a special declension, as in all languages:

| ХОРОШИЙ | ЛУЧШЕ | САМЫЙ ЛУЧШИЙ
САМЫЙ ХОРОШИЙ
ЛУЧШИЙ |
| ПЛОХОЙ | ХУЖЕ | САМЫЙ ПЛОХОЙ
САМЫЙ ХУДШИЙ
ХУДШИЙ |

Examples

Она самая красивая в университете — She is the most beautiful in the university

Это место красивее, чем центральная площадь — This place is more beautiful than the central square

Чем светлее день, тем лучше погода — The more day is lighter the better weather is

Он продаёт игрушки, которые качественнее — He sells toys, that are more qualitative

Биг-мак дороже, чем гамбургер — Big-mac is more expensive that a hamburger

Чизбургер дешевле, чем хот-дог — Cheeseburger is cheaper than a hot-dog

Look how to tell about yourself

Меня зовут Андрей. Я живу в Санкт-Петербурге. Мне двадцать три года. Я учусь в университете на пятом курсе и работаю в транспортной компании. Мой родной язык — русский, также я говорю по-английски и немного по-испански. В свободное время я играю на пианино и гитаре. Также я увлекаюсь спортом: я катаюсь на горных лыжах и хожу в тренажерный зал. Я люблю читать книги, я читаю их каждый день, когда я еду в метро, а также перед сном. Я общительный и любопытный человек. У меня есть много интересов. Моё самое большое желание — это делать то, что мне нравится.

Translation is in the next page.

Translation:

My name is Andrey. I live in Saint-Petersburg. I am 23 years old. I am 5th year student (I study in an university) of an university and work in transportation company. My native language is Russian, also I speak English and a little Spanish. In free time I play piano and guitar. Also I am involved of sports: I do mountain skiing and I go to gym. I love to read books, I read them everyday when I go by metro and also at bedtime. I am communicable and curious person. I have many interests My biggest dream is to do what I like.

Try to tell about yourself following all that you've learnt!

Notice: if you are 5—20, 25—30, 35—40, 45—50 ... 95—100 years old and so on, you have to say Мне 25 лет, for all another numbers: Мне 22 года.

Exercises

Use appropriate degree of comparison

1. Какой учебник Русского _____? (ХОРОШО – good) – Which textbook of Russian is <u>the best</u>?

2. Эта верёвка немного _____, чем та (ДЛИННЫЙ – long) – This rope is a little <u>longer</u> than that one

3. Какая причёска _____? (КРАСИВЫЙ – beautiful) – Which hairstyle is <u>more beautiful</u>?

4. Какой город _____ на Земле? (БОЛЬШОЙ – big) – Which city is <u>the biggest</u> in the Earth?

5. На моём телефоне интернет _____, чем на компьютере (БЫСТРЫЙ – fast) – The internet is <u>faster</u> in my phone than in computer

6. Для меня кебаб _____, чем бургер (ВКУСНЫЙ – tasty) – For me kebab is <u>more tasty</u> than a burger

7. Какой вид общественного транспорта _____ в вашем городе (ПОПУЛЯРНЫЙ – popular) – What kind of public transport is <u>the most popular</u> in your city?

8. Думаю, что Испанский язык _____, чем Португальский (ЛЁГКИЙ – easy) – I think that Spanish language is <u>easier</u> than Portuguese

9. В Петербурге _____, чем в Москве (ХОЛОДНЫЙ – cold) – It is <u>colder</u> in Petersburg than in Moscow

Answers
1: самый лучший, 2: длиннее, 3: красивее, 4: самый большой, 5: быстрее, 6: вкуснее, 7: самый популярный, 8: легче, 9: холоднее.

LEVEL 2

LESSON 16: PERFECTIVE ASPECT OF VERBS

In the previous level we considered the basics of the language, and in the Level 2 we are going to fill the gaps. In the Level 1 we considered only imperfective aspect of verbs, but the perfective aspect is vital in the Russian language.

There are only 3 tenses in Russian language: present, past, future. And in order to express all thoughts, one aspect of verbs would not be enough. That's why there is perfective aspect of verbs in Russian.

The difference between imperfective and perfective aspect is simple: the imperfective aspect describes a process of an action, and the perfective aspect describes its result.

First of all let's consider the verb — ДЕЛАТЬ — to do, and its perfective and imperfective forms:

Imperfective form	Perfective form
ДЕЛАТЬ	СДЕЛАТЬ

It is very important to mention, that **verbs can be conjugated in perfective form only in PAST and FUTURE tenses.**

Not all perfective verbs have the prefix С-. Many verbs have prefix ДО-, ПО-, ПЕРЕ-, ПРИ- and many verbs have own(but similar) form. In the dictionary in the end of this book all verbs are written with their perfective forms.

Recommendation: when you learn new verbs, try to memorize their imperfective and perfective forms. Dictionary in the end of this book has both forms in the listing of verbs.

The conjugation of perfective verbs is the same. And you can see, that the conjugation in the future tense is the same as in present.

Past	Present (only imperfective)	Future
Я СДЕЛАЛ(m) Я СДЕЛАЛА(f)	Я ДЕЛАЮ	Я СДЕЛАЮ
ТЫ СДЕЛАЛ(m) ТЫ СДЕЛАЛА(f)	ТЫ ДЕЛАЕШЬ	ТЫ СДЕЛАЕШЬ
ОН СДЕЛАЛ	ОН ДЕЛАЕТ	ОН СДЕЛАЕТ
ОНА СДЕЛАЛА	ОНА ДЕЛАЕТ	ОНА СДЕЛАЕТ
МЫ СДЕЛАЛИ	МЫ ДЕЛАЕМ	МЫ СДЕЛАЕМ
ВЫ СДЕЛАЛИ	ВЫ ДЕЛАЕТЕ	ВЫ СДЕЛАЕТЕ
ОНИ СДЕЛАЛИ	ОНИ ДЕЛАЮТ	ОНИ СДЕЛАЮТ

Also, with perfective verbs we cannot say "Я БУДУ СДЕЛАТЬ" – this construction is only for imperfective ones!

So what is the difference between ДЕЛАТЬ and СДЕЛАТЬ? Basically, both forms mean "to do", but ДЕЛАТЬ indicates to a process of the action, and СДЕЛАТЬ to a result.

Let's consider some comparative examples:

Я буду читать текст – I will read the text (я буду читать – process)

Я прочитаю текст — I will read the text (я прочитаю – result)

Мы смотрели на закат — We were looking at the sunset (мы смотрели – process)

Мы посмотрели на закат — We looked at the sunset (мы посмотрели – result)

Курьер будет доставлять посылку — a courier will deliver a parcel (курьер будет доставлять – process)

Курьер доставит посылку — a courier will deliver a parcel (курьер доставит – result)

Они хотят научиться рисовать — They want to learn to draw (они хотят научиться — (they want) a result)

Они хотят учиться рисовать — They want to study to draw (они хотят учиться – (they want) a process)

Друзья нас ждали — Friends waited for us (друзья ждали – process)

Друзья нас подождали — Friend have waited for us (друзья подождали – result)

Not all perfective verbs have the prefix C-. Many verbs have prefix ДО-, ПО-, ПЕРЕ-, ПРИ- and many verbs have own(but similar) form. In the dictionary in the end of this book all verbs are written with their perfective forms. Recommendation: when you learn new verbs, try to memorize their imperfective and perfective forms.

Examples

Я делаю домашнюю работу и доделаю через час — I am doing homework and I will finish in an hour;

Он играет, когда он доиграет? — He is playing, when he finish to play?

Я переустановлю программу — I will reinstall the programme.

Давай переиграем эту игру — Let's replay this game;

Я сделал кашу, но я не доделал суп — I have made a porridge, but I have not finished to make soup;

Я дождался её — (infinitive — ДОЖДАТЬСЯ, reflexive verb) — I have waited her (means that she has came);

And some examples of verbs with their perfective forms:

ЗАКАНЧИВАТЬ - ЗАКОНЧИТЬ — to finish

ПЕРЕИГРЫВАТЬ – ПЕРЕИГРАТЬ — to replay

ВИДЕТЬ – УВИДЕТЬ — to see

БРАТЬ – ВЗЯТЬ — to take (exception with own form)

ЖДАТЬ – ПОДОЖДАТЬ — to wait

СПАТЬ – ПОСПАТЬ — to sleep

ДОСТАВЛЯТЬ – ДОСТАВИТЬ — to deliver

ПРОСЫПАТЬСЯ-ПРОСНУТЬСЯ — to wake up

Check the chapter "**DICTIONARY: VERBS**" in order to check both forms of a verb.

Exercises

Choose a perfective verb and conjugate it

1. Сколько денег _____ в прошлом месяце? (ЗАРАБАТЫВАТЬ/ЗАРАБОТАТЬ – to earn) – How much money have you(female) earned the last month?

2. Кто это _____? (ГОВОРИТЬ/СКАЗАТЬ – to say) – Who said this?

3. По телевизору _____ наш любимый фильм (ПОКАЗАТЬ/ПОКАЗЫВАТЬ – to show) – Our favorite film will be shown in TV (use the verb in passive voice)

4. Мы _____ много гостей (ПРИГЛАШАТЬ/ПРИГЛАСИТЬ – to invite) – We will invite many guests

5. Фанаты _____, потому что их футбольная команда _____ (РАССТРОИТЬСЯ/ РАССТРАИВАТЬСЯ – to get upset; ПРОИГРЫВАТЬ/ПРОИГРАТЬ – to lose) – The fans got upset because their football team has lost

6. Ты думаешь, что они _____ эту задачу? (СМОЧЬ/МОЧЬ – to be able to/can; ВЫПОЛНЯТЬ/ВЫПОЛНИТЬ) – You think that they will be able to complete this task?

7. Где ты _____ свою рубашку? (КУПИТЬ – ПОКУПАТЬ – to buy) – Where did you buy your shirt?

Answers:

1: ты заработала, 2: сказал, 3: покажут, 4: пригласим, 5: расстроились; проиграла, 6: смогут выполнить, 7: купил

LESSON 17: PERFECTIVE FORM OF IMPERATIVE MOOD

In order to use the perfective form of imperative mood, you just need to conjugate its perfective form. If you don't know how - learn more about conjugation in imperative form in the lesson 13. The sense of the perfective form of imperative mood is to give more a command to have a result of an action, while the imperfective form is used to give a command to have a process of an action:

Perfective form of imperative mood is formed from a verb on perfective form by the same rule as for imperfective verbs.

Imperfective	Perfective
ДЕЛАЙ	СДЕЛАЙ
СМОТРИ	ПОСМОТРИ
ЖДИ	ПОДОЖДИ
СПИ	ПОСПИ
ДЕЛАЙТЕ	СДЕЛАЙТЕ
ПЕРЕДЕЛЫВАЙТЕ	ПЕРЕДЕЛАЙТЕ
ИГРАЙТЕ	ПОИГРАЙТЕ
ИЩИ	ПОИЩИ

Закончи это дело! — Finish this work! (закончить – result, perfective verb)

Заканчивай это дело! — Finish this work! (заканчивать – process, imperfective verb)

Переделай уроки! — Redo the homework! (переделать – result, perfective verb)

Переделывай уроки! — Redo the homework (переделывать – process, imperfective verb)

Переустанови программу! — Reinstall the program! (переустановить – result, imperfective verb)

Переиграйте эту игру! — Replay this game! (переиграть – result, imperfective verb)

Поищи это здесь, но не ищи там! — Look for it here, but don't search there! (поискать – result, искать – process)

And the command МЫ with perfective verb we have use the word ДАВАЙТЕ – let's, and a perfective verb conjugated with the pronoun МЫ in future tense:

ДАВАЙТЕ СДЕЛАЕМ – let's do!

ДАВАЙТЕ ПОДУМАЕМ – let's think!

ДАВАЙТЕ ПОСПИМ – let's sleep!

ДАВАЙТЕ ПОИЩЕМ – let's seek!

Examples

Скажите мне всё, что думаете обо мне — Tell me everything that you think about me

Давайте уже решим! — Let's have already decided!

Давайте напишем отчет — Let's write a report

Отправьте мне письмо по электронной почте — Send me a letter by email

Свяжитесь с нами! — Contact us!

Exercises

Select a perfective verb and conjugate it in imperative mood

1. _____ ножницы на стол! (КЛАСТЬ/ ПОЛОЖИТЬ – to put, command ТЫ) – put the scissors onto table.

2. _____ эту музыку (СЛУШАТЬ/ПОСЛУШАТЬ – to listen, command ВЫ) – listen this music

3. _____ мне что-нибудь поесть (ПРИНЕСТИ/НЕСТИ – to bring, command ТЫ) – bring me something to eat

4. _____ у него карандаш (ПОПРОСИТЬ/ ПРОСИТЬ – to ask for, command ТЫ) – Ask him for a pencil

5. _____ нам завтра вечером (ЗВОНИТЬ/ ПОЗВОНИТЬ – to call, command ВЫ) – call us tomorrow evening

6. _____ мне подождать здесь (ПОЗВОЛИТЬ/ ПОЗВОЛЯТЬ – to let, command ВЫ) – Let me wait here

7. Обязательно _____ Красную Площадь в Москве (ПОСЕТИТЬ/ПОСЕЩАТЬ – to visit, command ВЫ) – Be sure to visit the Red Square in Moscow!

8. _____ ещё раз, пожалуйста (ПОВТОРИТЬ/ ПОВТОРЯТЬ – to repeat, command ВЫ) – Repeat again, please

Answers

1: положи, 2: послушайте, 3: принеси, 4: попроси, 5: позвоните, 6: позвольте, 7: посетите, 8: повторите

LESSON 18: PARTICIPLES

A participle is a word formed from a verb that can be used as an adjective. There are participles of present and past tenses, for example in English the participle from the verb "to write" is "writing" in the present tense, and "written" in the past tense. In the Russian language participles can be active or passive.

First of all, let's figure out what is the difference between active and passive participles and then consider each of them. Let's take the verb ПРОИЗВОДИТЬ – to manufacture, and consider an active and a passive participles from it in a context:

ПРОИЗВОДЯЩАЯ КОМПАНИЯ – a manufacturing company (a company that manufactures) – this is an active participle, because it expresses an active action by a company.

ПРОИЗВОДИМЫЙ ТОВАР – an item that is manufactured – this is a passive participle, because there is not an active action, the item is manufactured but it is not known who manufactures.

In this lesson we will consider active and passive participles in the present and past tenses.

Active participles

Present tense

In order to derive an active participle from a verb in present tense, add the suffix [УЩ/ЮЩ] for verbs of the 1st conjugation and [АЩ/ЯЩ] for verbs of the 2nd conjugation, and change the ending to adjective's ending regarding to a gender or plural: -ИЙ/ЫЙ(m), -АЯ(f), -ЕЕ(n), -ИЕ(pl).

ИГРАТЬ – to play, 1st conjugation. From this verb one can derive the participles: ИГРА<u>ЮЩИЙ</u>(m), ИГРАЮЩАЯ(f), ИГРАЮЩЕЕ(n), ИГРАЮЩИЕ(pl)

ГОВОРИТЬ – to speak, 2nd conjugation: ГОВОР<u>ЯЩИЙ</u>(m), ГОВОРЯЩАЯ(f), ГОВОРЯЩЕЕ(n), ГОВОРЯЩИЕ(pl).

Participles are declined as adjectives – Let's consider some **examples**:

Девочка, ИГРАЮЩАЯ в песочнице, хочет пить – A girl (who is) playing in a sandbox wants to drink

Метро, РАБОТАЮЩЕЕ днём, не работает ночью – The metro (that is) working at day, doesn't work at night

Also, one can form a participle from a reflexive verb, in this case one must add the postfix - СЯ:

Студент, УЧАЩИЙСЯ в университете – A student (who is) studying in the university.

Молодой человек, НРАВЯЩИЙСЯ ей – A young man liked by her/a young man whom she likes.

109

Past tense

Have you got confident with present tense participles? Now it is time to learn past tense participles. It differs from present tense ones only by suffix – [ВШ] for verbs of 1st conjugation, and [-ИВШ] for verbs of 2nd conjugation!

Examples of past tense participles:

ЛЕТА́ТЬ – to fly, 1st conjugation: ЛЕТА́ВШИЙ(m), ЛЕТА́ВШАЯ(f), ЛЕТА́ВШЕЕ(n), ЛЕТА́ВШИЕ(pl)

СВЕРЛИ́ТЬ - to drill, 2nd conjugation: СВЕРЛИ́ВШИЙ(m), СВЕРЛИ́ВШАЯ(f), СВЕРЛИ́ВШЕЕ(n), СВЕРЛИ́ВШИЕ(pl).

Also, one can form participles of past tense from perfective verbs: НАПИСА́ТЬ – НАПИСА́ВШИЙ, СКАЗА́ТЬ – СКАЗА́ВШИЙ, ВЫ́ПИТЬ – ВЫ́ПИВШИЙ.

Ребёнок, ИГРА́ВШИЙ в песо́чнице, хоте́л пить – A child, who played in sandbox wanted to drink.

Писа́тель, НАПИСА́ВШИЙ э́ту кни́гу, написа́л но́вую – The writer who had written this book, wrote a new one.

Предме́т, ИЗУЧА́ВШИЙСЯ в университе́те, был обновлён – The subject that was studied in the university was updated.

На вы́ставке бы́ли карти́ны, ПОНРА́ВИВШИЕСЯ нам – There were picture in the exhibition that we liked. (понра́вившиеся – past tense participle of the perfective reflexive verb понра́виться – to like)

Студе́нтка, ОТВЕЧА́ВШАЯ на вопро́с, получи́ла хоро́шую оце́нку – The student(female) who answered a question got a good mark.

Человек, ОТВЕТИВШИЙ на звонок, сказал что я позвонил не по адресу – A person who answered the call, said that I called not by address. (ответивший – past tense participle from the perfective verb ответить – to answer)

Метро, РАБОТАВШЕЕ ночью – Metro that worked at night.

Passive participles

Present tense

The sense and difference from active participles was considered in the beginning of the lesson. The suffix of passive participles of present tense is [ЕМ] for verbs of the 1st conjugation and [ИМ] for the 2nd.

РАССКАЗЫВАТЬ – to tell, 1st conjugation. РАССКАЗЫВАЕМЫЙ(m), РАССКАЗЫВАЕМАЯ(f), РАССКАЗЫВАЕМОЕ(n), РАССКАЗЫВАЕМЫЕ(pl).

ДЕЛИТЬ – to divide, 2nd conjugation. ДЕЛИМЫЙ(m), ДЕЛИМАЯ(f), ДЕЛИМОЕ(n), ДЕЛИМЫЕ(pl).

Examples

Работа, делаемая хорошо – The work that is done well

Рассказываемый рассказ был скучным – The tale being told was boring

Сериал, показываемый по телевизору, не интересный – The series that is shown in TV is not interesting.

Past tense

The suffixes of past tense passive participles are: [АНН] for verbs of the 1st conjugation, and [ЕНН] for verbs of the 2nd.

РАССКАЗАТЬ – to tell, 1st conjugation.
РАССКАЗАННЫЙ(m), РАССКАЗАННАЯ(f), РАССКАЗАННОЕ(n), РАССКАЗАННЫЕ(pl)

РАЗДЕЛИТЬ – to separate, 2nd conjugation.
РАЗДЕЛЕННЫЙ(m), РАЗДЕЛЕННАЯ(f), РАЗДЕЛЕННОЕ(n), РАЗДЕЛЕННЫЕ(pl).

Also, there are exceptions - some passive participles that have own form in past tense: ВЫПИТЬ – ВЫПИТЫЙ to drink – drunk, БРИТЬ – БРИТЫЙ to shave – shaved, МЫТЬ – МЫТЫЙ to wash – washed.

Examples

У меня есть файлы, скопированные с компьютера – I have files that are copied from the computer.

Зачем поддерживать эту не продуманную идею? – Why to support this not thought-out idea?

Они купили не проверенное устройство – they bought a device that is not checked.

Also, it is important to mention that one can use usual verbs instead of participles to form sentences with the same sentences:

Пиво, не выпитое на вечеринке = пиво, которое не выпили на вечеринке – The beer that was not drunk in the party.

Exercises

Make appropriate active or passive participle.

1. Я никогда не видел _____ попугая (ГОВОРИТЬ – to speak) – I have never seen a speaking parrot

2. Где мой _____ рюкзак? (СОБРАТЬ – to pack) – Where is my packed backpack?

3. На этой полке лежат _____ книги (ПРОЧИТАТЬ – to read) – The books that are read lie on this shelve

4. Мне нужен автобус, _____ здесь (ОСТАНАВЛИВАТЬСЯ – to stop) – I need a bus that stops here

5. Менеджер, _____ в нашей компании, уволился (РАБОТАТЬ – to work) – The manager who worked in our company has quit

6. Полицейский, _____ наши документы, отпустил нас (ПРОВЕРИТЬ – to check) – The policeman who has checked our documents, let us go

7. Решите _____ задачу (ДАТЬ – to give) – Solve the given task

8. Дети, _____ на улице, вернулись домой (ИГРАТЬ – to play) – The children, who played outdoors, have returned to home

Answers

1: говорящего, 2: собранный, 3: прочитанные, 4: останавливающийся, 5: работавший, 6: проверивший, 7: данную, 8: игравшие.

LESSON 19: PARTICIPLES 2

In this lesson we will consider how to say «Having done this task, I began to do another task» or «Doing that task I was thinking of another task». Without long explanations, you need just to change ending and add certain case.

Part 1. First construction — «Having done». Note, a verb in this construction is always in perfective form!

СДЕЛА<u>В</u> — Having done

РАССКАЗА<u>В</u> — Having told

ОПИСА<u>В</u> — Having described

СЫГРА<u>В</u> — Having played (и is changed to ы in some words (e.g. игра**ть**)

ПОСМОТРЕ<u>В</u> — Having looked at

As you see, you just have to change -ТЬ to В: СДЕЛАТЬ-СДЕЛАВ, РАССКАЗАТЬ- РАССКАЗАВ and so on!

And for reflexive verbs, change –ТЬСЯ to –ВШИСЬ

УЧИ<u>ВШИСЬ</u> – having studied

СЛОМА<u>ВШИСЬ</u> – having got broken

ПРИГОТО**ВИ**<u>ВШИСЬ</u> – having got prepared

Examples

Сделав домашнюю работу, я пошёл гулять — Having done the homework, I went for a walk

Приготовив еду, я съел её — Having prepared the food, I ate it

Посмотрев фильм, он пошёл спать — Having watched the film, he went to sleep.

Приготовившись к игре, игроки пришли на стадион – Having prepared for the game, the players came to the stadium

Помывшись утром в душе, я начал готовить завтрак – Having taken a shower at the morning (literally: having washed myself in the shower at morning) I started to prepare a breakfast

Part 2. One also can say «Doing something, I was thinking about something». In this case the verb is in imperfective form, and you just have to change an ending to –Я, and for reflexive verbs to –ЯСЬ.

Говоря по телефону, я думал о встрече – talking by phone, I was thinking about the meeting

Читая книгу, я ничего не понимал – reading a book, I was understanding nothing

Печатая текст, я делал много ошибок – typing a test, I was making many errors

Путешествуя очень далеко, он вспоминал о доме – travelling very far, he was remembering about home

Смотрясь в зеркало, она думала, что нужно худеть – looking at herself in the mirror, she was thinking that she needs to lose weight

Одеваясь, я случайно порвал пуговицу – getting dressed, I accidentally tore off a button

Exercises

Make appropriate participle

1. _____ кофе, он поехал дальше (ВЫПИТЬ – to drink) – Having drunk a coffee, he went farther

2. _____ шкаф, я нашёл свою рубашку (ОТКРЫТЬ – to open) – Having opened a wardrobe, I found my shirt

3. _____ на велосипеде, он слушал музыку (КАТАТЬСЯ – to ride) – Riding bicycle, he listened to music

4. Олег водил машину, _____ по телефону (ГОВОРИТЬ – to talk) – Talking by phone, Oleg was driving car

5. _____ ноутбук, я положил его в рюкзак (ЗАРЯДИТЬ – charge) – Having charged the notebook, I've put it into backpack

6. _____ с условиями работы, Павел начал работать (СОГЛАСИТЬСЯ – to agree) – Having agreed with conditions of work, Pavel started to work

7. _____ в Москву, мы пытались найти отель (ПРИЕХАТЬ – to come(by transport)) – Having come to Moscow, we tried to find a hotel

8. _____ стену, мы решили отдохнуть (ПОКРАСИТЬ – to paint) – Having painted the wall, we decided to relax

Answers

1: выпив, 2: открыв, 3: катаясь, 4: говоря, 5: зарядивши, 6: согласившись, 7: приехавши, 8: покрасив

LESSON 20: SHORT ADJECTIVES AND ADVERBS

Short adjectives — short version of full adjectives. It is used when we want to speak faster. As well as full adjectives, these adjectives have gender and number but can't be declined by cases, so when you have to use a case – you have to use full adjective. Also, the neuter form of a short adjective can be used as **adverb**.

In order to make a short adjective, follow these rules: for feminine, neuter and plural – just drop the last letter; For masculine there are own rules:

For masculine adjectives ending in-ВЫЙ, change it to -В:

КРАСИВЫЙ — КРАСИВ(m)

КРАСИВАЯ — КРАСИВА(f)

КРАВИВОЕ — КРАСИВО(n) = adverb

КРАСИВЫЕ — КРАСИВЫ(pl)

For masculine adjectives ending in — НЫЙ, change it to to -ЕН:

СКУЧНЫЙ — СКУЧЕН

СКУЧНАЯ — СКУЧНА

СКУЧНОЕ — СКУЧНО = adverb

СКУЧНЫЕ — СКУЧНЫ

And other endings of masculine adjectives:

— КИЙ to -ОК: ГР**О**МКИЙ — ГР**О**МОК

— РЫЙ to -Р: Д**О**БРЫЙ — ДОБР

— ХИЙ to -Х: Т**И**ХИЙ — ТИХ

— ДОЙ to Д: МОЛОД**ОЙ** — М**О**ЛОД

— ВЫЙ to В: Л**А**СКОВЫЙ — Л**А**СКОВ

Notice, that not all adjectives can be shortened, for example the word БОЛЬШ**ОЙ** can't be shortened and all shortened adjectives are equal to full ones.

Examples

Б**Ы**СТРЫЙ: он б**ы**стрый, он**а** б**ы**стра — He is fast, she is fast.

М**Е**ДЛЕННЫЙ: он м**е**дленен, она м**е**дленна — He is slow, she is slow.

Т**И**ХИЙ: прир**о**да тих**а**, лес тих — Nature is quiet, forest is quiet

КРАС**И**ВЫЙ: он**а** крас**и**ва, он крас**и**в — She is beautiful, he is handsome.

БЛ**И**ЗКИЙ: наш дом дост**а**точно бл**и**зок — Our home is close enough.

АККУР**А**ТНЫЙ: ты п**и**шешь аккур**а**тно — You write accurately

ТАЛ**А**НТЛИВЫЙ: его сестр**а** **о**чень тал**а**нтлива — His sister is very talented.

Б**Ы**СТРЫЙ: ск**о**рая п**о**мощь м**о**жет при**е**хать б**ы**стро — The ambulance can come quickly

Exercises

Make a short adjective or short participle or adverb.

1. Почему этот пакет так _____ (ЛЁГКИЙ – lightweight) – Why this pack is so lightweight?

2. Лифт поднимается _____ (ВЫСОКИЙ – high) – The elevator gets up high.

3. Мне не _____ исполнить твою просьбу (СЛОЖНЫЙ - difficult) – For me it is not difficult to fulfill your request

4. Почему здесь так _____ ? (ТЁМНЫЙ – dark) – Why it is so dark here?

5. Этот двигатель слишком _____ (СЛАБЫЙ – weak) – This engine is too weak

6. Зачем ты едешь так _____? (БЫСТРЫЙ – fast) – Why are you going so fast?

7. Что было _____ вчера? (СДЕЛАННЫЙ – done) – What was done yesterday?

8. Завтрак _____, идите есть! (ГОТОВЫЙ – ready) – Breakfast is ready, go to eat!

9. Почему нельзя объяснить это _____? (ПРОСТОЙ – simple) – Why one cannot explain it simple?

10. Почему они говорили очень _____? (ТИХИЙ – quiet) – Why they talked very quiet?

Answers

1: лёгок, 2: высоко, 3: сложно, 4: темно, 5: слаб, 6: быстро, 7: сделано, 8: готов, 9: просто, 10: тихо.

LESSON 21: POSSESSIVE CASE

Let's consider this subject — the possessive case. It is gonna be easy because it has a certain analogue in English language. The complication of the subject is that this case is not like the cases considered in Lessons 6, 7, 8 in Level 1. I would consider this complication so: «This case adds ending and it can be declined by all another cases after that». Probably it sounds complicated, but let's try to figure out!

What the possessive case actually is? This is a case that shows belonging. It can be used **only** with names and nouns!

Possessive case is the analogue of English ending ['s]. In Russian language this case is used so: change the ending of a word in nominative case to [-ИН]. Mostly this case is used for words of family and names.

ПАПА	dad	ПАПИН	dad's
МАМА	mom	МАМИН	mom's
САША	Sasha	САШИН	Sasha's
АНДРЕЙ	Andrey	АНДРЕИН	Andrey's
ДЕДУШКА	grandad	ДЕДУШКИН	Grandad's
ТЁТЯ	aunt	ТЁТИН	aunt's

Notice that native speakers use this case not with all nouns! For example, in ears of a native speaker «братин» (brother's), «сестрин» (sister's), «другин (friend's)» and other words sound weird! Basically, this case is used only with names and the words Мама - mom, Папа - dad, Бабушка - grandma, Дедушка - grandad, Тётя - aunt, Дядя - uncle, and personal names.

In the beginning of this lesson you could see such complicated phrase: «This case adds ending and it can be declined by all another cases after that». Let's consider what it means by an example of the word ПАПА — dad. ПАПА is in the nominative case and ПАПИН is possessive case, **now imagine that ПАПИН is new nominative case of this word,** or just that ПАПИН is a new noun. So, decline it by cases:

ПАПИН nominative case

ПАПИНОГО genitive case

ПАПИНОМУ dative case

ПАПИН accusative case

ПАПИНЫМ instrumental case

О ПАПИНОМ prepositional case

Also, do not forget about genders and plural: if you say for example «mom's bag» — it is МАМИНА СУМКА (feminine), dad's documents — ПАПИНЫ ДОКУМЕНТЫ (plural).

Examples

Папин рюкзак — Dad's backpack.

Дедушкина палатка — Grandad's tent.

Я забыл Андреин номер телефона — I forgot Andrey's phone number.

У меня нет Никитиного номера телефона — I don't have Nikita's phone number.

Мой отец доволен новой маминой машиной — My father is glad for mom's new car.

Я помню дедушкин совет — I remember grandad's advice

Мы любим бабушкины пирожки — We love grandma's pies

У тебя есть Алёнин номер телефона? — Do you have Alyona's phone number?

Серёжина помощь очень важна — Seryozha's help is very important

Это Валины туфли – This is Valya's shoes

Зачем ты взял Настину чашку? – Why did you take Nastya's cup?

Exercises

Use possessive case and decline in appropriate gender, number and case.

1. Это _____ рюкзак? (СЕРЁЖА – Serezha, name) – Is it Serezha's backpack?

2. Ты можешь починить _____ часы? (МАМА – mom) – Can you repair mom's watch?

3. У тебя есть _____ номер телефона? (БАБУШКА – grandma) – Do you have grandma's phone number?

4. Я пробовал играть на _____ гитаре (САША – Sasha, name) – I tried to play Sasha's guitar

5. Я не помню _____ идею (ЖЕНЯ – Zhenya, name) – I don't remember Zhenya's idea

6. Кто взял _____ кошелек? (ДЕДУШКА – grandad) – Who has taken grandad's wallet?

7. Где лежат _____ инструменты? (ПАПА – dad) – Where are the dad's instruments? (literally: where do the dad's instruments lie?)

8. _____ машина стоит за домом (АНЯ – Anya, name) – Anya's car is behind the house

9. Расскажите нам о _____ свадьбе (НАДЯ – Nadya) – Tell us about Nadya's wedding

Answers

1: Серёжин, 2: мамины, 3: бабушкин, 4: Сашиной, 5: Женину, 6: дедушкин, 7: папины, 8: Анина, 9: Надиной

LESSON 22: DIMINUTIVE SUFFIXES

This form of words is very often used in Russian language. This is diminutive suffix. In English language it also takes a small place, for example words like kitten — kitty, green — greenish. There are many diminutive suffixes in Russian language: ЕЧК, АЧК, ОЧК, ЧИК, ИК, КО, КА, ОК, ЧОК, ЧЕК, ЧК, Ч, ОЧЕК, ЖК, ИНК, ЕНК, ЁНК and others. If you know Spanish language, there is the analogue with postfixes -ito, -ita. Take a look how you can put them into many words:

ГОРОД — ГОРОДОК, ГОРОДОЧЕК city/town

БУТЫЛКА — БУТЫЛОЧКА bottle

ТЕЛЕФОН — ТЕЛЕФОНЧИК phone

ПИВО — ПИВКО beer

КОТ — КОТИК cat

ПОДАРОК — ПОДАРОЧЕК gift

КНИГА — КНИЖКА book

СТОЛ — СТОЛИК table

ЭКРАН — ЭКРАНЧИК screen

ПОЕЗДКА — ПОЕЗДОЧКА journey

БИЛЕТ — БИЛЕТИК ticket

МОЛОКО — МОЛОЧКО milk

ДОРОГА — ДОРОЖКА road

ТРОПА — ТРОПИНКА path

БРАТ — БРАТИК brother

СЕСТРА — СЕСТРЁНКА sister

ДЕРЕВНЯ – ДЕРЕВЕНЬКА village

Examples

Проводник будет проверять наши билетики —A ticket collector will check our tickets

Пойдём по той тропинке? — Will we go by that path?

Мой маленький братик не говорит по-русски — My younger brother doesn't speak Russian

У меня есть для тебя подарочек на новый год — I have a gift for you for New Year

В лесу есть узкая тропинка — There is a narrow path in the forest

Давай купим хомячка? — Let's buy a hamster?

Какой милый котик! — Such a cute kitty!

Покорми собачку! – Feed the dog!

На одном сайтике я прочитал интересную статью – I have read an interesting article in one website

Тебе нравится этот телефончик? – Do you like this telephone?

Посмотри, какая птичка! – Look, what a bird!

Недавно я читал интересную книжку – Recently I read an interesting book

LESSON 23: MORE ABOUT DEGREES OF COMPARISON

In lesson 15 we considered degrees of comparison. And in this lesson we'll learn an addition to it. Without extra words, let's look at the table and see what we're missing from the lesson 15.

КРАСИВЫЙ	КРАСИВЕЕ	САМЫЙ КРАСИВЫЙ
beautiful	more beautiful	the most beautiful

САМЫЙ КРАСИВЫЙ — the most beautiful, and also one can say КРАСИВЕЙШИЙ, it is equal.

САМЫЙ КРАСИВЫЙ = КРАСИВЕЙШИЙ

This is that addition you had to know! In order to use this form of comparison — just change ending to [-ЕЙШИЙ] (m), [-ЕЙШАЯ] (f), [-ЕЙШЕЕ] (n), [-ЕЙШИЕ] (pl). This is analogue of English ending [-est]. Look at the **examples**:

КРАСИВЕЙШАЯ the most beautiful (feminine)

КРАСИВЕЙШЕЕ the most beautiful (neuter)

ЗЕЛЕНЕЙШИЙ the most green/the greenest

СИЛЬНЫЙ — СИЛЬНЕЙШИЙ - strong — the strongest

СЛАБЫЙ — СЛАБЕЙШИЙ - weak — the weakest

БОГАТЫЙ — БОГАТЕЙШИЙ - rich — the richest

БЫСТРЫЙ — БЫСТРЕЙШИЙ - fast — the fastest

БЫСТРЕЙШАЯ — the fastest (feminine)

БЫСТРЕЙШЕЕ — the fastest (neuter)

БЫСТРЕЙШИЕ — the fastest (plural)

ALSO, if an adjective ends in [-КИЙ], change К to Ч:

ЛЕГКИЙ — ЛЕГЧАЙШИЙ easy — the easiest

ТОНКИЙ — ТОНЧАЙШИЙ thin — the thinest

ХРУПКИЙ — ХРУПЧАЙШИЙ fragile — the fragilest

РЕДКИЙ – РЕДЧАЙШИЙ – rare - rarest

Examples

Я знаю кратчайший путь до той деревни – I know the shortest way to that village

Иногда простейшая задача занимает больше времени, чем самая сложная – Sometimes the simplest task takes more time than the most difficult one

Мы используем новейшие методы дистанционного обучения – We use the newest methods of distance learning

Эта велосипедная рама изготовлена из прочнейшего материала – This bicycle fame is made of the strongest material

Моя бабушка готовит вкуснейшие пирожки – My grandma cooks the tastiest pies

Хомяк – это милейший питомец! – A hamster is the cutest pet!

Какое предприятие – крупнейшее в нашем городе? – Which enterprise is the largest in our city?

Exercises

Decline adjectives in appropriate gender with the degree of comparison considered in this lesson.

1. Это _____ фильм из тех, которые я когда-либо смотрел (ИНТЕРЕСНЫЙ – interesting) – This is the most interesting film from those that I have ever watched

2. Форель – это _____ рыба! (ВКУСНЫЙ – tasty) – Trout is the most tasty fish!

3. Где находится _____ аптека? (БЛИЗКИЙ - close, stem БЛИЖ-) – Where is the closest pharmacy?

4. Это был _____ отель из тех, в которых я останавливался! (ЧИСТЫЙ – clean) – It was the cleanest hotel from those in which I ever stayed!

5. Все ищут _____ путь (КОРОТКИЙ – short, stem КРАТЧ-) – Everyone looks for the shortest way

6. Завтра у нас будет _____ мероприятие (ВАЖНЫЙ – important) – Tomorrow we will have the most important event

7. Нам нужен _____ компьютер для нашего проекта (МОЩНЫЙ – powerful) – We need the most powerful computer for our project

8. Она решила _____ задачу (СЛОЖНЫЙ – difficult) – She solved the most difficult task

Answers

1: интереснейший, 2: вкуснейшая, 3: ближайшая, 4: чистейший, 5: кротчайший, 6: важнейший, 7: мощнейший, 8: сложнейшую

LESSON 24: REFLEXIVE PRONOUNS

In English language one can say «myself, yourself, himself, herself, ourselves, yourselves, themselves». In Russian language there is an analogue — this is reflexive pronouns. Unlike English, it is declined by cases and can be used with personal pronoun or without it. It is better to learn this subject after all, when you are already confident in all subjects from previous lessons.

СЕБЯ/СОБОЙ/СЕБЕ means "self", and САМ/САМОГО ....etc. is used for emphasizing the subject of an action.

nominative	genitive	dative
(Я) САМ myself	(СЕБЯ) САМОГО	(СЕБЕ) САМОМУ
(ТЫ) САМ yourself	(СЕБЯ) САМОГО	(СЕБЕ) САМОМУ
(ОН) САМ himself (ОНА) САМА herself	(СЕБЯ) САМОГО (СЕБЯ) САМУ	(СЕБЕ) САМОМУ (СЕБЕ) САМОЙ
(МЫ) САМИ ourselves	(СЕБЯ) САМИХ	(СЕБЕ) САМИМ
(ВЫ) САМИ yourselves	(СЕБЯ) САМИХ	(СЕБЕ) САМИМ
(ОНИ) САМИ themselves	(СЕБЯ) САМИХ	(СЕБЕ) САМИМ

accusative (matches with gen.)	instrumental	prepositional
(СЕБЯ) САМОГО	(СОБОЙ) САМИМ	О (СЕБЕ) САМОМ
(СЕБЯ) САМОГО	(СОБОЙ) САМИМ	О (СЕБЕ) САМОМ
(СЕБЯ) САМОГО (СЕБЯ) САМУ	(СОБОЙ) САМИМ (СОБОЙ) САМОЙ	О (СЕБЕ) САМОМ О (СЕБЕ) САМОЙ
(СЕБЯ) САМИХ	(СОБОЙ) САМИМИ	О (СЕБЕ) САМИХ
(СЕБЯ) САМИХ	(СОБОЙ) САМИМИ	О (СЕБЕ) САМИХ
(СЕБЯ) САМИХ	(СОБОЙ) САМИМИ	О (СЕБЕ) САМИХ

Examples

Я сам могу сделать это — I can do it by myself

Я могу сам себе сделать это — I can do it myself for myself

Вы хотите зарабатывать деньги сами — You want to earn money yourselves

Они хотят пользоваться ими самими — They want to use themselves

Она сделает это сама — She will have done it by herself

Ей хочется играть самой — She wants to play by herself

Журналисты пишут статьи сами — Journalists write articles by themselves

Расскажи мне о себе — Tell me about yourself

Моим друзьям самим хочется встретиться — My friends want to meet themselves

Мы сами можем выполнить это задание — We can complete this task ourselves

Я не хочу вредить себе — I don't want to harm myself

Почему ты разговариваешь сам с собой? - Why are you talking to yourself?

Не многие люди умеют учиться сами - Not many people can study by themselves

Антон сделал себе подарок на день рождения - Anton made a birthday gift for himself

Exercises

Use appropriate reflexive pronoun

1. Почему она ненавидит _____ ? – Why she hates herself?

2. Ты что-нибудь можешь сделать _____ ? – Can you do something by yourself?

3. Расскажите о _____ пожалуйста – Tell about yourself please

4. Почему Андрей решил разобраться с этой работой _____? – Why did Andrey decide to figure out this problem by himself?

5. Мы учим иностранные языки _____ – We learn foreign language by ourselves

6. Он путешествует _____ , без помощи туристических компаний – He travels by himself, without help of tourist agencies

7. Убирайтесь у себя в доме _____ – Clean up your house by yourself!

8. Кто-нибудь может догадаться _____? – Can anybody guess by oneself?

9. Думаю, что наш кандидат может представить _____ перед избирателями - I think that our candidate can introduce himself to the electors.

10. Я _____ лично видел это! – I saw it personally by myself!

Answers

1: себя, 2: сам, 3: себе, 4: сам, 5: сами, 6: сам, 7: сами, 8: сам, 9: себя, 10: сам

LESSON 25: SUMMARIZING

In order to convince that previous 24 lessons were passed not uselessly, new knowledges have to be used in practice. The text in this lesson contains constructions from the previous lessons. Try to read it aloud and practice pronunciation, try to read it again and again until you get confident you understand the text!

Привет, меня зовут Сергей. Мне двадцать один (21) год. Я студент Московского Государственного Университета. Я учусь на инженера и в будущем хочу стать ученым. У меня есть брат и сестра, им двадцать два (22) и двадцать четыре года (24). Мы живём в Москве, но мы родились в Красноярске. Также у нас есть дача рядом с Москвой, иногда мы ездим туда всей семьёй на выходные. Нам нравится путешествовать, летом мы ездим с родителями на машине в разные интересные места. Мы уже посетили много городов и несколько ближних стран. У меня есть много целей и планов, и моя семья поддерживает меня. Я уже выучил английский и испанский языки, и хочу выучить больше языков, в том числе славянских. Славянские языки сложнее чем романские и германские, но для носителей русского языка они гораздо проще. Мне нравится ездить на велосипеде вместо общественного транспорта. Я думаю, что велосипед — это самый лучший транспорт для меня, а так же самый быстрый, потому что в Москве очень много пробок. Так же я люблю играть на саксофоне. Саксофон — это музыкальный инструмент с самым красивым звуком. Если бы я мог, я бы играл на нём ночью, но ночью дома все спят. Я думаю, что рассказав о себе, я должен рассказать также о своей семье. Но это уже другая и долгая история, и я не могу рассказывать о своих родных сам, теперь пусть они расскажут сами, и я тоже с удовольствием послушаю!

Желаю всем Вам успеха в изучении Русского языка!

Translation

Hello, my name is Sergey. I am 21 years old. I am a student of Moscow State University. I study to be an engineer and in the future I want to become an engineer. I have a brother and a sister, they are 22 and 24 years old. We live in Moscow but we were born in Krasnoyarsk. Also we have a country house near Moscow, sometime we go there with family for weekends. We like to travel, at summer we go with parents by car to different interesting places. We have already visited many cities and some close countries. I have many goals and plans and my family supports me. I have already learnt English and Spanish languages, and I want to learn more languages, including Slavic ones. Slavic languages are more difficult than Romance and Germanic, but for native speakers of Russian they are much easier. I like to ride bicycle instead of public transport. I think that bicycle is the best transport for me, and the fastest, because there are a lot of traffic jams in Moscow. Also I love to play saxophone. Saxophone — it is a musical instrument with the most beautiful sound. If I could, I would play it at night, but at night everyone sleeps at home. I think that I have told about myself, I also have to tell about my family. But it is already another and long story, and I can't tell about my relatives myself, let them do it by themselves, and I will listen with pleasure too!

I wish everybody success in learning Russian language!

Dear Reader! If you have passed 25 lessons given in this book and understood them (or most of them) — Then You've got a stable language foundation. The process of Russian language learning doesn't end at this stage, You can improve skills of this rich language forever! However, in order to get fluent, you have to get practice of live speaking. Get practice, be confident in theory, and get fluent as soon as possible! Good luck and best wishes!

ADDITIONAL MATERIAL

PHRASEBOOK

Общие фразы Common phrases

Привет! Hello/hi! (informal greeting)
Здраствуйте! Hello (formal greeting)
Доброе утро Good morning
Добрый день Good afternoon
Добрый вечер Good evening

Как Ваши дела? How are you? (formal)
Хорошо, а у тебя? I am fine, and you? (formal)
Хорошо, а у Вас? I am fine, and you? (informal)
Спасибо! Thank you!
Не за что! You're welcome!
Спокойной ночи Have a good night

Да Yes
Нет No

До свидания! Good bye! (formal)
Пока! Bye! (informal)

Извините! Excuse me!
Простите! I am sorry!
На здоровье! Cheers!

Как тебя зовут? What is your name? (informal)
Как Вас зовут? What is your name? (formal)
Меня зовут… My name is…

Приятно познакомиться! Nice to meet you!

Откуда ты? Where are you from? (informal)
Откуда Вы? Where are you from? (formal)

Я из... I am from...

Сколько тебе лет? How old are you? (informal)
Сколько Вам лет? How old are you? (formal)
Мне... лет I am... years old

Чем ты занимаешься? What do you do in life? (informal)
Чем Вы занимаетесь? What do you do in life? (formal)
Где ты учишься? Where do you study? (informal)
Где Вы учитесь? Where do you study? (formal)
Что ты изучаешь? What do you study? (informal)
Что Вы изучаете? What do you study? (formal)
Ты говоришь по-русски/по-английски? Do you speak Russian/English? (informal)
Вы говорите по-русски/по-английски? Do you speak Russian/English? (formal)
Что значит ...? What means ...?
Как сказать ...? How to say ...?

Сколько время?/Который час? What time is it?
(пять) часов (five) o'clock

Шоппинг и деньги Shopping and money

Сколько стоит? How much is?
Я бы хотел... I would like
Вы принимаете карты? Do you accept cards?
Пожалуйста You're welcome
Можно посмотреть это? Can I look it?
Это слишком дорого It is too expensive
Где можно поменять деньги? Where can I exchange money?

Транспорт Transport

Билет на одну поездку One ride ticket
Билет на две поездки Two rides ticket
Билет на девяносто минут A ticket for 90 minutes
Билет на сутки A ticket for one day (for 24 hours)
Билет на двое суток A ticket for two days (for 48 hours)
Сколько стоит билет в ...? How much is a ticket to ...?
Билет в одну сторону пожалуйста One-way ticket please
Билет туда и обратно пожалуйста Both ways ticket please
Автобус Bus
Троллейбус Trolleybus
Трамвай Tram
Метро Metro/subway/tube
Электричка Suburban train
Поезд Train
Самолёт Airplane
Машина Car
Такси Taxi
Как доехать до ...? How to get ...?
Я бы хотел взять на прокат машину/велосипед I would like to rent a car/bicycle.

Еда Food

Какие тут национальные блюда? What national dishes there are here?
Пиво/кофе/чай пожалуйста Beer/coffee/tea please
Можно пожалуйста счёт? May I have a bill?
Очень вкусно! Very taste!
У меня аллергия на... I am allergic to...

Направления Directions

Это слева/справа/впереди/за углом It is
left/girht/straight ahead/at the corner

Как далеко ...? How far is ...?

Где банк/банкомат/почта/обменник/ Where is
a bank/cash machine/post office/exchange office?

Где находится туристическая информация? Where is
tourist information?

Вы можете показать мне это на карте? Can you show me
that on map?

Где (Американское) посольство/консульство? Where is
(American)
embassy/consulate?

Размещение Accomodation

У меня есть бронь/резервация? I have a reservation

**У вас есть свободный одноместный/двухместный
номер?** Do you have a single/double room available?

Я бы хотел остановиться на... ночей I would like to stay
for... nights

Здоровье и особые случаи Health and emergencies

Помогите! Help!

Мне нужен доктор/стоматолог/полицейский I need
a doctor/dentist/policeman

Рядом есть аптека? Is there a pharmacy nearby?

Вызовите   скорую   помощь/полицию! Call   the
ambulance/police!

DICTIONARY: NUMERALS

0	ноль	1st	первый
1	один	2nd	второй
2	два	3rd	третий
3	три	4th	четвёртый
4	четыре	5th	пятый
5	пять	6th	шестой
6	шесть	7th	седьмой
7	семь	8th	восьмой
8	восемь	9th	девятый
9	девять	10th	десятый
10	десять	11th	одиннадцатый
11	одиннадцать	12th	двенадцатый
12	двенадцать	20th	двадцатый
13	тринадцать	21st	двадцать первый
14	четырнадцать	22nd	двадцать второй
15	пятнадцать	23rd	двадцать третий
16	шестнадцать	24th	двадцать четвёртый
17	семнадцать	25th	двадцать пятый
18	восемнадцать	30th	тридцатый
19	девятнадцать	100th	сотый
20	двадцать	101st	сто первый
21	двадцать один	1001st	тысяча первый
22	двадцать два	1000th	тысячный
23	двадцать три	10.000th	десятитысячный
24	двадцать четыре	1.000.000th	миллионный
25	двадцать пять	1.000.000.000th	миллиардный
26	двадцать шесть	1.000.000.000.000th	триллионный
27	двадцать семь		
28	двадцать восемь		
29	двадцать девять		

30	тридцать
40	сорок
50	пятьдесят
60	шестьдесят
70	семьдесят
80	восемьдесят
90	девяносто
100	сто
110	сто десять
120	сто двадцать
1000	тысяча
1100	тысяча сто
10.000	десять тысяч
1.000.000	миллион
2.000.000	два миллиона
1.000.000.000	миллиард
1.000.000.000.000	триллион

DICTIONARY: VERBS

Verb	Imperfective form	Pefective form
be	быть	побыть, побывать
achieve	достигать	достигнуть
act	действовать	подействовать
adore	обожать	
answer	отвечать	ответить
appear	появляться	появиться
arrive	прибывать	прибыть
ask	спрашивать	спросить
asume	предполагать	предположить
attempt	пытаться	попытаться
avoid	избегать	избежать
awake	будить	разбудить
become	становиться	стать
believe	верить	поверить
belong	принадлежать	
blame	обвинять	обвинить
boil	кипятить	вскипятить
breathe	дышать	подышать
buy	покупать	купить
call	звонить	позвонить
carry, bring	носить, нести, поднимать	приносить, принести, поднять
celebrate	праздновать	отпраздновать
check	проверять	проверить
close	закрывать	закрыть
come	приходить	прийти
compare	сравнивать	сравнить
complete	выполнять	выполнить
consider	рассматривать	рассмотреть
continue	продолжать	продолжить

cost	стоить	
count	считать(кол-во)	посчитать
create	создавать	создать
cry	плакать	заплакать
cut, crop	резать	разрезать, порезать
dance	танцевать	станцевать
decrease	уменьшать	уменьшить
depart	уезжать	уехать
describe	описывать	описать
determine, define	определять	определить
die	умирать	умереть
disappear	исчезать	исчезнуть
disappoint	разочаровывать	разочаровать
discuss	обсуждать	обсудить
do	делать	сделать
draw	рисовать	порисовать
dream	мечтать	помечтать
drink	пить	выпить, попить
drive	водить	
eat	есть	съесть
enjoy	наслаждаться	насладиться
envy	завидовать	
exist	существовать	
fall	падать	упасть
fall asleep	засыпать	заснуть
fall in love	влюбляться	влюбиться
feel	чувствовать	почувствовать
find	находить	найти
fly	летать, лететь	полетать, полететь
follow	следовать	последовать
forget	забывать	забыть
forgive	прощать	простить

get	получать	получить
get used	привыкать	привыкнуть
give	давать	дать
give up	сдаваться	сдаться
go	идти, ходить	пойти, сходить
go out	выходить	выйти
guess	угадывать	угадать
hate	ненавидеть	
have	иметь	
hear	слышать	услышать
help	помогать	помочь
hit	бить	ударить
hold	держать	
hope	надеяться	
hug, embrace	обнимать	обнять
hurry	спешить	поспешить
increase	увеличивать	увеличить
invite, call	звать	позвать
jump	прыгать	попрыгать
keep patience	терпеть	потерпеть
kill	убивать	убить
kiss	целовать	поцеловать
know	знать	узнать
learn	учить(что-то)	выучить
lie	лежать	полежать
lie	врать	соврать
like	нравиться	понравиться
listen	слушать	послушать
live	жить	пожить
look at	смотреть	посмотреть
look	выглядеть	
love	любить	полюбить
mean	означать, иметь ввиду	

meet	встречать	встретить
memorize	запоминать	запомнить
mention	упоминать	упомянуть
move	двигаться	двигать
offend	обижаться	обидеться
offer	предлагать	предложить
open	открывать	открыть
pass	проходить	пройти
pay	платить	заплатить
play	играть	поиграть, доиграть
pray	молиться	помолиться
prepare	готовить	приготовить
print	печатать	напечатать, распечатать
promise	обещать	
punish	наказывать	наказать
put	класть	положить
quit	покидать	покинуть
receive	получать	получить
rejoice	радоваться	порадоваться
relax	отдыхать	отдохнуть
remember	помнить	вспомнить
repair, fix	чинить	починить
return	возвращаться	вернуться
ride	ехать(верхом)	поехать
rise	подниматься	подняться
run	бегать, бежать	побегать, побежать
satisfy	удовлетворять	удовлетворить
save (money)	копить	накопить
save	сохранять	сохранить
say	говорить	сказать
search	искать	поискать
see	видеть	увидеть
sell	продавать	продать

share	делиться	поделиться
silence	молчать	помолчать
sing	петь	спеть
sit	сидеть	посидеть
sleep	спать	поспать
smell	пахнуть	
smile	улыбаться	улыбнуться
solve, decide	решать	решить
sound	звучать	
speak	говорить	поговорить
spend (time)	проводить	провести
spend (money)	тратить	потратить
stand	стоять	постоять
start, begin	начинать	начать
stop, finish	заканчивать	закончить
study	учиться	поучиться
suffer	страдать	пострадать
swim	плавать, плыть	поплавать, поплыть
take	брать	взять
take offence	обижать	обидеть
talk	разговаривать	поразговаривать
teach	учить(кого-то)	научить
tell	рассказывать	рассказать
think	думать	подумать
tire, get tired	уставать	устать
translate	переводить	перевести
travel	путешествовать	
try	читать	почитать, дочитать
try	пробовать	попробовать
use	использовать	
visit	посещать	посетить
wait	ждать	подождать
wake up	просыпаться	проснуться

want	хотеть	захотеть
warm, heat	греть	согреть, погреть
wash	мыть	помыть
wear	надевать	надеть
wish	желать	пожелать
work	работать	поработать
write	писать	написать

DICTIONARY: NOUNS

Человек	Human	Политика	Politics
мужчина	man	президент	president
женщина	woman	царь	tzar
мальчик	(little) boy	король	king
девочка	(little) girl	королева	queen
парень	Boy, boyfriend	мэр	mayor
девушка	girl, girlfriend	депутат	deputy
		лидер	leader
Семья	**Family**	политическая партия	political party
родители	parents	парламент	parliament
отец, папа	father, dad	правительство	government
мать, мама	mother, mom	конгресс	congress
бабушка	grandma	государственная дума	the state duma
дедушка	grandad	власть	authority
дети	children, kids	монархия	monarchy
сын	son	республика	republic
дочь	daughter	демократия	democracy
брат	brother	диктатура	dictatorship
сестра	sister	выборы	elections
тётя	aunt	союз	union
дядя	uncle	соглашение	agreement
племянник	nephew	конституция	constitution
двоюродный брат	brother in law	суверенитет	sovereignty
двоюродная сестра	sister in law	государство	state
родственник	relative	страна	country
муж	husband	народ	nation
жена	wife		

Дом	**Home, house**	работник	worker
квартира	flat, apartment	бухгалтер	accountant
комната	room	менеджер	manager
кухня	kitchen	директор	director
ванная	bath		
туалет	WC	**Деньги**	**Money**
гостиная	living room	валюта	currency
спальная	sleeping room	купюра	banknote
балкон	balcony	монета	coin
кладовая	storeroom	кредитная карта	credit card
пол	floor	банк	bank
потолок	ceiling	кредит	credit
крыша	roof	обмен валют	currency exchange
дверь	door	сдача	odd money
телефон	phone	чек	receipt
диван	sofa	рубль	rouble
стол	table	доллар	dollar
стул	chair	евро	euro
		фунт	pound
Работа	**Work, job**	золото	gold
бизнес	business	серебро	silver
профессия	profession	кошелёк	wallet
должность	position	счёт	bill
прибыль	profit	богатство	wealth
зарплата	salary, wage	состояние	fortune
выручка	revenue		
налог	tax		
офис	office		
завод, фабрика	factory		
предприятие	enterprise		
начальник	boss		
предприниматель	entrepreneur		

Учёба	Studies
университет	university
институт	institute
академия	Academy
колледж, училище	college
школа	school
курсы	courses
студент	student
преподаватель	professor
учитель	teacher
класс	grade
курс	year(of studies)
кафедра	department
аудитория	classroom(in univer.)
Кабинет	classroom
домашнее задание	homework
практика	practice
учебник	textbook
тетрадь	excercise book
ручка	pen
карандаш	pencil
калькулятор	calculator
математика	maths
физика	physics
язык	language
техника	engineering
технология	technology
экономика	economy
программирование	programming
поражение	defeat

медицина	medicine
логистика	logistics
гуманитарные науки	humanities
искусство	arts
социология	sociology
политология	politology
наука	science
исследование	research
биология	biology

Армия	Army
война	war
солдат	soldier
генерал	general
танк	tank
оружие	weapon
автомат	machine gun
винтовка	rifle
ружьё	gun
пистолет	pistol
ракета	rocket
гранатомет	grenade-gun
граната	grenade
отряд	squad
войска	troops
бомба	bomb
бомбардировка	bombing
атака	attack
победа	victory

союзник	ally	**Транспорт**	**Transport**
враг	enemy	машина	car
		автобус	bus
Город	**City, town**	троллейбус	trolleybus
центр	center	трамвай	tram
улица	street	метро	metro
проспект	avenue	поезд	train
бульвар	boulevard	электричка	commuter train
район	district	маршрутка	minibus
парк	park	самолёт	airplane
достопримечательность	landmark	вертолёт	helicopter
здание	building	корабль	ship
дом	house	такси	taxi
		грузовик	truck
		мотоцикл	motorbike
		велосипед	bicycle
		билет	ticket
		проездной	pass
		водитель	driver
		остановка	stop
		станция	station
		аэропорт	airport
		вокзал	railway station
		железная дорога	railway
		дорога	road
		шоссе	highway
		рельсы	rails
		расписание	schedule

Еда	Food	Религия	Religion
напиток	drink	Бог	God
кухня	kitchen	вера	faith
кафе	cafe	церковь	church
ресторан	restaurant	храм	temple
вода	water	собор	cathedral
чай	tea	Христианство	Christianity
кофе	coffee	Ислам	Islam
каша	porridge	Буддизм	Buddhism
хлеб	bread	Иудаизм	Judaizm
молоко	milk	молитва	prayer
мясо	meat	священник	priest
рыба	fish	мулла	mullah
свинина	pork	монах	monk
говядина	beef	пророк	prophet
шаурма	shawrma	пророчество	prophesy
кебаб	kebab	Библия	Bible
фастфуд	fastfood	Коран	Quaran
картофель	potato	икона	icon
помидор	tomato	крест	cross
огурец	cucumber	чудо	miracle
салат	salad	патриарх	patriarch
блюдо	dish	Православие	Orthodoxy
пиво	beer	Католицизм	Catholicism
вино	wine	Протестантизм	Protestantism
водка	vodka	Лютеранство	Lutheranism
коньяк	cognac	Шиит	Shiite
посуда	dishes	Суннит	Sunni
тарелка	plate	крещение	baptizing
чашка	cup	богослужение	divine service
вилка	fork	свеча	candle
ложка	spoon		

Время	Time	Спорт	Sport
тысячелетие	millenium	футбол	football
век, столетие	century	баскетбол	basketball
год	year	волейбол	volleyball
месяц	month	игра	game
неделя	week	мяч	ball
день	day	мышцы	muscles
час	hour	спортзал	gym
минута	minute	бег	jogging
секунда	second	тренировка	training
история	history	бокс	boxing
прошлое	past	плавание	swimming
настоящее	present		
будущее	future	**Путешествие**	**Travel**
		маршрут	route
		дорога	road
Музыка	**Music**	билет	ticket
песня	song	отель	hotel
голос	voice	хостел	hostel
певец	singer	экскурсия	excursion
музыкальный инструмент	musical instrument	прогулка	walk
гитара	guitar	фотоаппарат	photo camera
пианино	piano	видеокамера	video camera
рояль	grand piano	тур	tour
саксофон	saxophone	путеводитель	tour-guide book
скрипка	violin	гид	guide
труба	trumpet		
барабан	drum		
концерт	concert		
артист	artist		

Country	Страна
Россия	Russia
Соединенные Штаты Америки	United States of America
Бразилия	Brasil
Германия	Germany
Франция	France
Англия	England
Великобритания	Great Britain
Канада	Canada
Польша	Poland
Чехия	Czech
Словакия	Slovakia
Сербия	Serbia
Венгрия	Hungary
Хорватия	Croatia
Турция	Turkey
Испания	Spain
Китай	China
Австралия	Australia
Новая Зеландия	New Zealand
Мексика	Mexico
Евразия	Eurasia
Европа	Europe
Азия	Asia
Америка	America
Африка	Africa
Южная Америка	South America
Северная Америка	North America
Белоруссия	Belarus
Финляндия	Finland
Норвегия	Norway
Литва	Lithuania
Латвия	Latvia
Румыния	Romania
Израиль	Israel
Италия	Italy
Греция	Greece
Индия	India
Черногория	Montenegro
Египет	Egypt
Украина	Ukraine
Камбоджа	Cambodia
Тайланд	Thailand
Филлипины	Phillipines
Корея	Corea
Саудовская Аравия	Saudi Arabia
Чили	Chile
Гренландия	Greenland
Швеция	Sweden

Национальность	Nationality	Животное	Animal
русский	Russian	кот	cat(male)
украинец	Ukrainian	кошка	cat(female)
белорус	Belorussian	пёс	dog(male)
бразилец	Brasilian	собака	dog(female)
американец	American	конь	horse(male)
англичанин	Englishman	лошадь	horse(female)
француз	French	свинья	pig
немец	German	корова	cow
еврей	Jew	бык	bull
австралиец	Australian	медведь	bear
китаец	Chinese	олень	reindeer
итальянец	Italian	хомяк	hamster
чех	Czech	мышь	mouse
венгр	Hungarian	крыса	rat
финн	Finn	попугай	parrot
швед	Swede	овца	sheep
норвежец	Norwegian	баран	ram
литовец	Lithuanian	козёл	goat
латыш	Latvian	курица	hen
грек	Greek		
турок	Turk	**Погода**	**Weather**
испанец	Spaniard	солнце	sun
канадец	Canadian	небо	sky
мексиканец	Mexican	дождь	rain
монгол	Mongol	ясно	clear
славянин	Slav	гроза	thunderstorm
азиат	Asian	снег	snow
африканец	African	облако	cloud
европеец	European	метель	snowstorm
британец	British	ветер	wind
индус	Indian		

DICTIONARY: ADJECTIVES

another	другой	hot	горячий, жаркий
abusive	оскорбительный	ignorant	невежественный
active	активный	impossible	невозможный
african	африканский	incredible	невероятный
alcohol	алкогольный	independent	независимый
american	американский	japanese	японский
angry	злой	jewish	еврейский
annoying	раздражающий	kind	добрый
arabic	арабский	large, huge	огромный
arrogant	высокомерный	late	поздний
australian	австралийский	latin	латинский
bad	плохой	left	левый
beautiful	красивый, прекрасный	light	светлый
big	большой	light(weight)	лёгкий
black	чёрный	long(thing)	длинный
blue	синий	long(time)	долгий
brasilian	бразильский	loud	громкий
brave	смелый	low	низкий
brown	коричневый	medieval	средневековый
canadian	канадский	mexican	мексиканский
cheap	дешевый	middle	средний
chinese	китайский	narrow	узкий
clean	чистый	non-alcohol	безалкогольный
close	близкий	northern	северный
closed	закрытый	offensive	оскорбительный
cold	холодный	old	старый
colorful	цветной	open	открытый
common	общий	oppressive	угнетающий
complete	полный	passive	пассивный
creative	креативный	personal	личный

cute	милый	pleasant	приятный
dangerous	опасный	polish	польский
dark	тёмный	possible	возможный
dear	дорогой	probable	вероятный
dependent	зависимый	quiet	тихий
difficult	сложный	rainy	дождливый
direct	прямой	rare	редкий
dirty	грязный	rich	богатый
early	ранний	right	правый
eastern	восточный	roman	римский
easy	простой	round	круглый
edible	съедобный	russian	русский
empty	пустой	safe	безопасный
english	английский	saint	святой
european	европейский	scandinavian	скандинавский
evil	злой	shiny	блестящий
expensive	дорогой	short	короткий
famous	известный	sick	больной
far	далёкий	silver	серебряный
fast, quick	быстрый	single	одинокий
fragile	хрупкий	slim	тонкий
french	французский	slow	медленный
frequent	частый	soft	мягкий
friendly	дружелюбный	southern	южный
frosty	морозный	spanish	испанский
full	целый	sporty	спортивный
german	немецкий	steel	стальной
giant	гигантский	sunny	солнечный
golden	золотой	sweet	сладкий
good	хороший	thick	толстый
greek	грееский	thin	тонкий, худой
healthy	здоровый	unusual	необычный
heavy	тяжёлый	usual	обычный

high, tall	высокий	western	западный
poor	бедный	wide	широкий
portuguese	португальский	young	молодой

IRREGULAR VERBS

ИДТИ — to go

present	past
Я иду	Я шёл(m), я шла(f)
Ты идёшь	Ты шёл(m), ты шла(f)
Он, она, оно идёт	Он шёл(m), она шла(f), оно шло(n)
Мы идём	Мы шли
Вы идёте	Вы шли
Они идут	Они шли

ЕСТЬ — to eat

present	past
Я ем	Я ел(m), я ела(f)
Ты ешь	Ты ел(m), ты ела(f)
Он, она, оно ест	Он ел(m), она ела(f), оно ело(n)
Мы едим	Мы ели
Вы едите	Вы ели
Они едят	Они ели

ХОДИТЬ — to walk

present

Я хожу (the only irregular form)

ВИДЕТЬ — to see

present

Я вижу (the only irregular form)

ВОДИТЬ — to drive

present

Я вожу (the only irregular form)

КРАСИТЬ — to paint
present
Я КРАШУ (the only irregular form)

ЛЮБИТЬ — to love
present
Я люблю (the only irregular form)

СПАТЬ — to sleep
present
Я сплю
Ты спишь
Он спит
Мы спим
Вы спите
Они спят

ПЕТЬ — to sing
Present stem ПО-
ПОЮ, ПОЁШЬ, ПОЁТ
Ты поёшь
Etc.

ПИСАТЬ — to write
Present stem ПИШ-

КЛАСТЬ – to put
Present stem КЛАД-

КАЗАТЬСЯ — to seem (reflexive verb)
Present stem КАЖ-
КАЖУСЬ, КАЖЕШЬСЯ, КЖЕТСЯ etc.

ХОТЕТЬ — to want
Present stem ХОЧ-
ХОЧУ, ХОЧЕШЬ, ХОЧЕТ etc.

ЖДАТЬ — to wait
Present stem ЖД-
ЖДУ, ЖДЁШЬ, ЖДЁТ etc.

ЕХАТЬ – to go (by transport)
Present stem ЕД-
Я еду
Ты едешь
Он, она едет
Мы едем
Вы едете
Они едут

ВРАТЬ – to lie
Present stem ВР-
ВРУ, ВРЁШЬ, ВРЁТ etc.

ЛГАТЬ – to lie
Present stem ЛЖ-
But, Я ЛГУ
Others ЛЖЁШЬ, ЛЖЁТ etc.

Verbs of motion (continuous form)

БЕЖАТЬ – to run

present	**past**
Я бегу	Я бежал(а)
Ты бежишь	Ты бежал(а)
Он, она бежит	Он бежал, она бежала
Мы бежим	Мы бежали
Вы бежите	Вы бежали
Они бегут	Они бежали

ЛЕТЕТЬ – to fly

Я лечу	Я летел(а)
Ты летишь	Ты летел(а)
Он, она летит	Он летел, она летела
Мы летим	Мы летели
Вы летите	Вы летели
Они летят	Они летели

ЛЕЗТЬ – to climb

Я лезу	Я лез(ла)
Ты лезешь	Ты лез(ла)
Он, она лезет	Он лез, она лезла
Мы лезем	Мы лезли
Вы лезете	Вы лезли
Они лезут	Они лезли

ПЛЫТЬ – to swim

Я плыву	Я плыл(а)
Ты плывёшь	Ты плыл(а)
Он, она плывёт	Он плыл, она плыла
Мы плывём	Мы плыли
Вы плывёте	Вы плыли
Они плывут	Они плыли

ПОЛЗТИ – to crawl

Я ползу	Я полз(ла)
Ты ползёшь	Ты полз(ла)
Он, она ползет	Он полз, она ползла
Мы ползём	Мы ползли
Вы ползёте	Вы ползли
Они ползут	Они ползли

НЕСТИ – to carry

Я несу	Я нес(ла)
Ты несёшь	Ты нес(ла)
Он, она несёт	Он нес, она несла
Мы несём	Мы несли
Вы несёте	Вы несли
Они несут	Они несли

ВЕСТИ – to lead, to drive

Я веду	Я вёл (вела)
Ты ведёшь	Ты вёл(вела)
Он, она ведёт	Он вёл, она вела
Мы ведём	Мы вели
Вы ведёте	Вы вели
Они ведут	Они вели

ВЕЗТИ – to carry (by transport)

Я везу	Я вёз (везла)
Ты ведёшь	Ты вёз (везла)
Он, она ведёт	Он вёз, она везла
Мы ведём	Мы везли
Вы ведёте	Вы везли
Они ведут	Они везли

LINKS

PlusSpeak.com – learn and practice foreign languages. Author's website and blog with many lessons of different languages.

facebook.com/PlusSpeak/ Facebook page of PlusSpeak

facebook.com/russianin25lessons facebook fan page of this book.

www.verbix.com/languages/russian.html conjugator of Russian verbs.

morpher.ru/Demo.aspx decliner of Russian nouns and adjectives by cases.

ispeech.org/text.to.speech - online text-to-speech software, very helpful to check pronunciation

hellolingo.com/ - language exchange chats

artem@pobox.com contact the author.

Russian cases – Made simple – another book from the author. The ultimate guide to Russian cases:

https://www.amazon.com/dp/B07 8D6WJXF

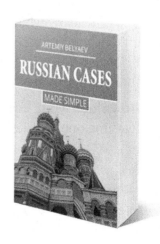

• FREE BONUS •

Download your free copy of the book "How To Learn Any Language As Fast As Possible"

Download link:
http://bit.ly/howtolearnlanguagesbook

Do you want to get fluent fast, spend less time on learning and memorize more words?

This is a 42-page guide to efficient language learning with a lot of tips, tricks and techniques actively used by the author.

You will learn what a language consists of, how to build an effective learning algorithm of any language, the fastest ways to improve perceiving of speech, memorize more words and think in the target language.

Download your copy right now and never spend years for learning one language anymore!

You will be subscribed to a mailing list, if you don't want to receive further emails, you can unsubscribe any moment.